ADAM & ÈVE AU PAYS DES GOURDES

maquette et illustrations : Emmanuelle Pioli

Valérie Lamour

ADAM & ÈVE AU PAYS DES GOURDES

Découvrez ce qui se cache sous la feuille de vigne

MARABOUT

Parole d'Évangile :

Quand Dieu créa l'Homme, il l'appela et lui dit :
« Adam, j'ai une bonne et une mauvaise nouvelle...
– Seigneur, donnez-moi la bonne en premier.
– Quand je t'ai créé, je t'ai donné deux organes importants :
le cerveau et le pénis.
– Mais alors, Seigneur, quelle est la mauvaise nouvelle ?
– Tu n'auras pas assez de sang pour faire fonctionner les deux
en même temps ! »

J'irai vivre en Théorie, car en Théorie, tout se passe bien...

Au pays de la pratique, tous les coups sont permis : aïe !

De vous à moi...

Incroyable mais vrai...
La Connasse – vous savez, cette femme soi-disant parfaite – est venue me consulter il y a peu !
« Écoutez, m'a-t-elle dit, faites quelque chose pour moi : j'en ai marre d'être une connasse ! Les mecs me traitent mal et moi, aujourd'hui, j'ai envie et besoin de construire. Je vous en supplie, faites quelque chose, donnez-moi des conseils concrets car je deviens dingue. Je marche aux tranquillisants et je suis plus triste que la dernière pierre gelée au fond de l'océan un soir d'hiver. »
Puis, une seconde connasse m'est apparue en rêve.
Elle s'est assise sur mon lit et m'a chuchoté : « Valérie Lamour, c'est bien ton nom ? » J'ai répondu : « Oui, mon nom de naissance. »
Et elle de continuer : « Nous, les connasses, t'avons choisie pour dénoncer toutes nos bêtises bien féminines et pour nous réveiller... enfin ! »
« Quoi ? » ai-je répondu, à demi endormie.
« Eh bien, il faut que tu le saches, enfin que nous te l'avouons, nous, les connasses, nous sommes en fait et avant tout... des gourdes ! »
J'ai alors crié : « Mais que puis-je faire pour vous aider à sortir de cette impasse ? »
Elle a hurlé en retour : « Dis-nous comment ne plus être des gourdes ! Des grandes naïves, des cruches, des sottes ! Nous en avons assez de nous prendre des vestes, des vents et, finalement, de pleurer sur notre oreiller ! Nous comptons sur TOI ! »

Alors, voilà, les connasses, le livre que vous espériez ! Je savais bien que vous alliez enfin vous rendre compte de votre potentiel de gourdes.
Sachez que je vous aime toutes, que vous soyez d'anciennes connasses, des connasses actuelles, des gentilles, des méchantes, des trop bonnes, des gourdes, des gourdasses, des chaudasses, des pas chaudasses du tout, des adorables sottes, des coquines, des pas coquines, des cruches, des très intelligentes,des filles à l'eau de rose, des femmes mariées, divorcées, célibataires...
Ce livre traite des désirs et des attentes des femmes *versus* les attentes et les désirs des hommes. Il entend vous éclairer sur les rapports amoureux et vous guider dans la compréhension de la gent masculine.
Il peut être lu comme un guide, bien que je n'aime pas ce mot, à mon sens prétentieux. Il entend vous éclairer sur les rapports amoureux et vous guider dans la recherche du grand amour.
Pour apporter de l'eau à mon moulin, je me fonde sur mon expérience de coach amoureux, mais je cite également de nombreux auteurs que j'adore ou des chercheurs, qui, comme moi, étudient ces vastes sujets que sont l'amour, le désir, la vie en somme.

Parole de coach

N'oubliez pas, mesdames, le secret
de ce génie de Michel Houellebecq :
« Les hommes, au fond, s'en foutent de séduire,
ils veulent surtout baiser. »

Cette expérience me confirme, chaque jour depuis dix ans, combien **les hommes se ressemblent, combien leurs attentes sont identiques, et combien les femmes sont fleur bleue**.
Les hommes espèrent trouver la perle rare, celle qui se refuse à eux, qui a des principes, des valeurs, qui se respecte, qui prend son temps, qui sait les mettre en valeur, les épauler (ce qui était déjà le cas au temps des cavernes !). Or, ils se retrouvent face à des femmes qui s'offrent très (trop) rapidement. Résultat : ils passent à la suivante, jusqu'à trouver la bonne, celle qui se respectera et, du coup, se fera respecter (puis épouser).
De l'autre côté, les femmes idéalisent toujours le sentiment amoureux, et pourtant, paradoxalement, désacralisent l'acte sexuel, ce qui aboutit à les faire passer pour l'inverse de LA femme idéale. En fait, encore loin de cette femme-là, elles continuent de porter haut l'étendard des gourdes (tout comme leur mère et leur grand-mère avant elles), se noyant dans les larmes sucrées-salées de l'amour…
Du coup, les hommes mentent pour obtenir ce qu'ils désirent (les femmes, à genoux) : ayant compris leur soif de romantisme et leur propension à s'abandonner rapidement, ils leur chantent fréquemment la chanson de Dalida : *Paroles, paroles*.
Conséquence : les femmes se donnent, s'abandonnent, se perdent (tout en perdant du temps) et… pleurent.
Bref, personne n'est satisfait.
Vous le savez bien, on peut tout avoir (l'argent, la réussite professionnelle) mais, sans amour, on n'est rien !
Pour toutes les gourdes, et même toutes les femmes, être aimée est la base de la vie et ce, quel que soit leur âge ! Coco Chanel ne disait-elle pas : « Une femme, qu'elle soit jeune ou vieille, qui n'est pas aimée, est une femme perdue » ?

Là où ça se corse, c'est que pour satisfaire son homme, il faudra que la femme assimile une vérité essentielle : elle devra, tout au long de sa vie, se cloner en trois femmes ! Car, oui, Adam a besoin d'une compagne à trois têtes pivotantes en fonction des heures de la journée : la maman, la femme et la putain.
Je sais, cela fait beaucoup de monde dans le même lit !
Maman s'occupe de l'intendance, des repas, des enfants et éventuellement, pendant qu'elle y est, de sortir le chien.
La femme se prépare pour sortir dîner avec Adam, elle se fait belle, reste désirable et bien épilée, même avec 40 °C de fièvre, sent toujours bon, est calme et conciliante, avec un sens de l'humour à toute épreuve.
La putain, quant à elle, s'occupe très bien de son bonhomme au lit !
La tâche vous parait rude ?
Pas de panique, je suis là pour vous aider à y voir plus clair.
Alors, vous êtes prête à entrer dans le monde pas si magique d'Adam et Ève ?
Sachez que je vous aime, vous mes compagnes, vous êtes mes sœurs.
Je vous embrasse chaleureusement et vous souhaite un joli voyage au pays des gourdes... AVERTIES !

Valérie Lamour

Parole d'auteur

« Ce n'est pas parcequ'un homme a soif d'amour qu'il doit se jeter sur la première gourde. »
Pierre Desproges

Mais où vas-tu ? Je me rends à l'évidence

Dans ce XXIe siècle désormais bien entamé, force est de constater que les femmes n'ont pas beaucoup évolué dans leurs relations avec le Mâle. Elles sont un peu timides, souvent maladroites et toujours… gourdes, elles ont du mal à se retrouver dans le monde sans foi ni loi de l'amour où la connasse a, un temps, régné en maîtresse.

LA CONNASSE A EU SON HEURE DE GLOIRE, ELLE A FAIT SON TEMPS !

Qu'on se le dise : la connasse, qui a été érigée en modèle de femme ces dernières années, qu'on a portée aux nues dans des ouvrages et des films à succès, n'est plus !
Les hommes savent désormais qu'elle est odieuse, prétentieuse, un brin méchante, castratrice à souhait et qu'elle est, du coup, célibataire… Et le restera sans doute si elle ne change pas de comportement.

Aucun homme n'a envie d'épouser une connasse. La retourner à quatre pattes pour la dominer et lui en faire voir de toutes les couleurs, lui rappeler qui est le sexe fort et lui donner une fessée, ça oui, mais ça s'arrête là !

La connasse rabaisse profondément l'homme. Du coup, elle en devient de plus en plus connasse, puis aigrie, pour aboutir à une parfaite névrosée.
Elle se retrouve alors bien désemparée : « Je suis une connasse parfaite, très bien, mais je n'ai pas d'homme à mes pieds, rien que des baltringues... »

Une connasse est TOUJOURS célibataire. Ne lui reste plus que des PCBS = Plan Cul Bons Souvenirs.
Place donc à la gourde !

LA GOURDE EST UNE SORTE DE CONNASSE HYPERSYMPATOCHE

Alors que la connasse a tous les défauts du monde, la gourde est attentionnée, prévenante, tendre, à l'écoute, toujours prête à rendre service, aimante, et moins sûre d'elle que la connasse. Du vrai pain bénit pour la gent masculine !

L'« homme nouveau » (« éveillé », merci Internet) préfère à présent se tourner et se réfugier vers les gourdes, tellement plus rassurantes et tranquilles au premier abord (ça se corse ensuite).

LA GOURDE EST L'ANTICONNASSE !

En amour, cette adorable femme est gentille (trop), naïve, utopiste, idéaliste ! Elle croit encore un peu (beaucoup) au prince charmant et ne rencontre pourtant que des princes charmeurs. Elle s'imagine moderne, libérée de tout tabou, éclairée, pourtant elle n'arrive pas à construire sereinement et efficacement sa vie privée. Que ce soit à 20, 30, 40 ou 50 ans, elle se pose toujours les mêmes questions obsessionnelles : « M'aime-t-il ? Va-t-il s'engager ? » L'homme n'y répond évidemment pas (il déteste les femmes qui doutent et il déteste les questions). Dans son cas, ne pas répondre est d'ailleurs une réponse.

La gourde tombe souvent (voire systématiquement) dans les pièges sentimentaux. Elle est persuadée que la gent

Parole d'auteur

« L'amour ne pose aucun problème aux femmes, elles immolent tout pour lui avec enthousiasme. Alors que pour les hommes, il s'agit de l'ajuster, de le répartir, de l'empêcher de mordre trop sur les occupations, le gagne-pain, la position sociale, etc. L'amour se fraie un chemin comme il peut à travers l'âme encombrée des hommes, alors qu'il prend possession, souverainement, de l'âme des femmes, qui se vide de tout à son approche. »

Jean Dutourd (*Les Œuvres romanesques*, 1979)

masculine raisonne, pense et agit comme elle, et même si elle a une tribu de frères, elle reste candide… Elle dévoile ses sentiments bien trop tôt (c'est génétique), alors que, de l'autre côté, il n'en est rien (c'est aussi génétique). « Encore une jolie gourde », pensent les hommes, les lèvres luisantes et la langue pendante comme le loup de Tex Avery. Nous allons pouvoir passer du bon temps… »

Cette jolie gourde traverse du coup maintes désillusions, connaît moult chagrins et subit de fracassantes ruptures…

LES GOURDES SONT PERSUADÉES QUE LES HOMMES ONT LES MÊMES ATTENTES QU'ELLES

Eh non ! Pas du tout. Les hommes ne tournent pas en boucle sur le mariage, le compte commun, les futurs enfants, la famille, les copines, les problèmes d'intendance… Ils s'en fichent absolument TOTALEMENT. Eux ne pensent strictement qu'à l'essentiel : gagner suffisamment d'argent pour vivre et faire vivre les leurs, être peinards le plus possible (dans la journée et dans la vie en général) et assouvir leurs besoins vitaux : le sexe, la bouffe et le pouvoir. Le verbe AIMER arrive plus loin dans leurs attentes. C'est bien là que le bât blesse… Et que nos deux continents ne se croisent pas… Les hommes ne sont guère sentimentaux, en somme. Oui, il y a des exceptions, comme en tout, mais c'est loin d'être la majorité.

LA GOURDE NE SAIT PLUS QUOI FAIRE POUR CHANGER LA DONNE

En clair, elle est perdue malgré ses nombreux abonnements aux magazines féminins, ses tchats sur les forums, ses papotages auprès de ses meilleures amies (ses copines sont d'ailleurs souvent aussi gourdes qu'elle, ce qui n'arrange rien...), ses consultations auprès de psys ou de cartomanciennes.
Rien n'y fait : la gourde se noie gentiment dans un océan de sentimentalisme.

LE LIVRE QUE VOUS AVEZ ENTRE LES MAINS BRISE TOUS LES TABOUS !

Il révèle les secrets des hommes (pardonnez-nous, chers mâles).
Il offre le « savoir-faire », le « savoir-dire » et le « savoir-être » nécessaires à la survie de notre espèce « niaisement » romantique, dans une société où tout est tracé sur des principes tels que le jeunisme, le zapping relationnel, la relation extraconjugale et la femme produit de consommation (comme le reste).
Il est le contre-pied du « junk sentiment », si écœurant pour les femmes, si palpitant pour les hommes.
Il offre, enfin, à l'adorable gourde « la notice d'utilisation des hommes » pour prendre DÉFINITIVEMENT et RATIONNELLEMENT des résolutions précieuses en matière de comportements amoureux et sexuels.

LA GOURDE « ANCIENNE GÉNÉRATION » N'EST PLUS

Grâce à ce livre, la « gourde avertie » prend le pouvoir en toute connaissance de cause.
Son nouveau savoir lui permettra de faire la différence entre le crapaud, le piranha, le prince charmeur et l'homme vraiment charmant.
La voici prête à rencontrer et conquérir l'âme sœur !

J'IRAI VIVRE EN THÉORIE,
CAR EN THÉORIE,
TOUT SE PASSE BIEN...

1.

Ève, the queen of the gourdes !

UNE AFFAIRE *de génétique*

On ne devient pas gourde, on l'est de naissance. C'est inné. Et dommage pour toutes celles qui ne me croiront pas ! En chaque femme sommeille une bonne gourde, voire une gourdasse (la gourde un peu moins classe).

GOURDES PROFESSIONNELLES DE MÈRE EN FILLE

Mais comment ne pas être un peu gourde lorsque l'on a été élevée par une ou plusieurs gourdes ? Impossible, n'est-ce pas ?
Heureusement, Internet change la donne depuis une bonne quinzaine d'années, permettant aux femmes, à travers les échanges spontanés, d'ouvrir grand leurs consciences. Mais cela ne suffit pas à enterrer les passions romantiques de la petite fille qui demeure en chacune d'entre elles. C'est bien là le souci. Elles ont beau savoir qu'elles vont droit dans le mur, cela ne résout pas le problème de leurs attentes toujours singulièrement fortes quant à la gent masculine.

LES FEMMES SONT NAÏVES…

Les femmes sont capables de croire n'importe quel abruti, si le joli cœur a un peu de talent pour leur susurrer des mots doux, des « je t'aime, tu es l'unique, tu es la seule, je me sens si bien dans tes bras ». Leur instinct et leur nature de femelle s'emballent aussitôt, et les voici à rêver d'un couple de légende… attrapant leur homme-pour-la-vie au lasso, enfin, c'est ce qu'elles croient à ce moment-là…

LES FEMMES RÊVENT ENCORE ET TOUJOURS DU PRINCE CHARMANT

Les femmes sont fleur bleue… Et comment ne le seraient-elles pas avec toutes les histoires et les contes que leurs mères et leurs grands-mères leur ont racontés tout au long de l'enfance, relayées par les comédies sentimentales qu'elles regardent plus tard sur grand écran… Elles rêvent, de

Parole de coah

La gourde est une fille sympa, hypernaïve (toutes les femmes, en somme, lorsqu'il s'agit d'amour), confiante comme pas deux. Une femme élevée dans le monde de Oui-Oui et, surtout, qui ne connaît absolument pas le mode d'emploi des hommes.

Parole d'auteur

« Les femmes ont toujours un amour tout prêt pour votre amour. »
Victor Hugo (*Hernani*, 1830)

par leur nature de femme, d'un amour absolu, inconditionnel. Ce rêve-là, hélas, est totalement vain avec les hommes, car cet amour, c'est celui d'une mère pour son enfant.

Étant intensément secouées par leurs hormones, les femmes en oublient que les hommes, bourrés, eux, de testostérone, sont naturellement enclins à la liberté, à la sauvagerie, à la polygamie et, finalement, à une relation où l'affect passe souvent au second plan face aux pulsions sexuelles.
Les femmes courent donc d'homme en homme pour trouver enfin cet être parfait, capable d'une tendresse constante, d'écoute, de bienveillance, de demande, de partage. Elles ne comprennent qu'après de nombreux échecs que cet état de grâce est bien trop rare. Elles se rendent compte alors qu'il faut se contenter de ce que l'homme est capable de leur offrir et, finalement, accepter ses différences et ses imperfections.

Les femmes restent gourdes bien longtemps, piégées dans leurs rêves et leurs fantasmes de fusion permanente.
Une fois éveillées ou réveillées, elles apprennent à laisser tomber une bonne partie de leurs illusions (ce qui fait mal) et acceptent enfin la réalité. Néanmoins, elles restent leur pire ennemie, ayant toujours à combattre leur soif d'absolu.

S'en viennent alors les reproches à tout va d'une vie qu'on ne leur offre pas, ce qui aboutit, au bout du compte, et la plupart du temps, à une séparation. Ce sont d'ailleurs en grande majorité les femmes qui prennent l'initiative de la rupture (cause : désenchantement), les hommes étant souvent bien trop lâches pour cela.

LA GOURDE PENSE QU'ELLE NE RÉITÉRERA PAS LES SCHÉMAS NÉGATIFS DE SES AÏEULES

Elle pense réussir là où les autres ont échoué. Elle part bille en tête dans ses histoires d'amour et, lorsqu'elle est en couple, avale toutes les couleuvres de son mec, en plus de son sexe.
En clair, rencontrer et vivre avec une gourde est un rêve absolu pour l'homme nouveau, qui a perdu beaucoup de sa puissance de domination. Il semble ainsi retrouver son pouvoir et un accès à une virilité en perdition.
Cet *homo reptilus* cherche avant tout (car c'est son cerveau reptilien qui est aux commandes) à se reproduire, à prouver sa virilité (ce n'est pas pour rien qu'il a des poils partout).

LA GOURDE NE SAIT PAS QUE C'EST L'HOMME DES CAVERNES QUI VIT DANS LE CRÂNE DE SON MEC

Il a peu évolué, en somme, depuis l'époque de nos arrière-arrière-arrière-grands-mères. On le pousse et on le force depuis plus de 50 ans à accepter l'évolution des femmes, mais, au fond de lui, rien n'a changé.
Or, si dans leur vie professionnelle les femmes veulent prendre les commandes, dans leur plumard, elles acceptent d'être traitées comme de pauvres choses que l'on baise gentiment, que l'on malmène un peu et que l'on ramène dans la posture de leurs ancêtres.

Pauvres soixante-huitardes ! Elles doivent être horrifiées de voir à quel point les femmes ont régressé au lit, à quel point elles ne se rendent pas compte qu'il ne s'agit pas là d'une libération de la femme s'autorisant toutes sortes de jeux sexuels, mais bien d'un retour à sa soumission... Une soumission contre laquelle nos mères se sont battues bec et ongles.

À QUEL TYPE DE RELATIONS DOIT-ELLE S'ATTENDRE ?

Étant toutes plus ou moins des gourdes, les femmes doivent s'attendre à beaucoup de déconvenues, de relations éphémères et, bien sûr, de larmes salées. Faisant confiance impunément, la femme va se prendre moult râteaux, s'abandon-

Parole de coach

Pour réussir dans vos relations avec le sexe opposé, vous devez connaître deux langues, le parler-homme et le parler-femme.

ner bêtement et se demander : « Mais pourquoi ça ne marche jamais ? » Eh bien, parce qu'elle est une gourde et qu'il est temps de se réveiller, sinon elle va finir en paillasson desséché et aigri.

Les femmes restent des gourdes car elles se pensent souvent bien plus intuitives et finalement plus intelligentes que les hommes... Or, les comportements des hommes ont évolué, même si leurs désirs, eux, sont restés les mêmes !
Les mecs ne sont plus aussi empruntés (heureusement, ils le restent sur pas mal de points) et, en ce qui concerne la drague, la séduction et comment mettre les femmes en position horizontale, ils sont plutôt fortiches (il existe même un livre qui connaît un joli succès : *Comment devenir un mâle dominant*... Je vous invite à le parcourir pour déjouer les nombreux pièges à éviter).

LE RÊVE D'ADAM 2.0

De très nombreuses études révèlent qu'un homme sera plus attiré par une gourde, une cruche, que par une femme sûre d'elle ou une intello.

UNE ÉTUDE PERTINENTE QUI NE LAISSE PLUS DE PLACE AU DOUTE !

Un mâle humain produit chaque jour 170 millions de cellules spermatiques qu'il se doit théoriquement de disséminer afin d'assurer sa descendance. Une femme ne donnant qu'un œuf par mois et devenant indisponible lors de sa grossesse, ou pendant ses règles, l'homme aura donc toute intelligence pratique à choisir les femmes très disponibles et donc les plus stupides.

Lors d'une étude menée en 2012, la jeune chercheuse américaine Cari Goetz confirme et prouve après vérification statistique que tout indice d'une « garde féminine abaissée » – laissant entendre que la femme est « sexuellement exploitable » – est un excitant aux yeux de l'homme moyen.

Pour aller plus loin dans son raisonnement et s'assurer de l'évolution psychique et sexuelle des hommes, Goetz a présenté des photos de femmes à 76 hommes d'aujourd'hui, afin de confirmer ses dires.
Voici la conclusion, attention les yeux : les images de femmes avec un air bêta ou immature déclenchèrent une puissante attraction. Mais, plus incroyable encore, ces femmes furent aussi ressenties comme physiquement plus attirantes que les femmes à l'air plus « intelligent ».
Néanmoins, après un questionnaire approfondi, il s'est avéré que ces demoiselles, estimées un peu bécasses, perdaient tout attrait lorsque les hommes devaient s'imaginer vivre avec elles une liaison durable ou même les épouser.
La logique de Goetz induit et révèle que, dans ce comportement, « l'homme risquerait de devenir le cocufié et non plus le cocufieur ». CQFD.
Pas fou, notre homme de Cro-Magnon !

Les inclinations ou attirances des hommes pour les femmes viennent indéniablement du fond des âges !
Sur le plan cognitif, dès qu'il est question de sexe ou d'amour (inconsciemment bien sûr), l'homme n'est pas plus évolué que ses congénères du paléolithique. Les chercheurs affirment d'ailleurs que la très grande majorité d'entre eux plaquent, miment et révèlent des mécanismes similaires à ceux de leurs ancêtres...

Parole d'homme

Pourquoi les hommes donnent un petit nom à leur pénis ?
Parce qu'ils ne veulent pas qu'un inconnu
prenne les décisions importantes à leur place.

POURQUOI LES HOMMES SONT-ILS ATTIRÉS PAR LES GOURDES ?

Parce que se sentir admiré, intelligent, adulé, est l'idéal pour la gent masculine ! Et là, la gourde a la palme d'or ! Qu'est-ce qu'un homme digne de ce nom demande de plus ?
Les hommes ont bien repéré le capital « gourde-idiote » des femmes et en jouent de manière brutale et parfois démesurée. Ils savent qu'elles fonctionnent « par les oreilles » et, le temps d'une cour, ils se métamorphosent en princes magnifiques. C'est le doux temps de la conquête. Les femmes sont rassurées et apaisées pour quelques mois. « Mais qui a dit que le prince charmant n'existait pas ? » pensent-elles.
Effectivement, au cours de ces mois de lune de miel, l'homme sait se montrer formidablement parfait sur tous les points, les écoutant alors qu'il n'aime pas parler longtemps, les cajolant alors que ce n'est pas sa profonde nature, les respectant en tous points.

Une fois la femme capturée, l'homme change (en grande partie) et le naturel revient au galop. Il s'occupe de lui, de son job ; pour le reste, tout lui semble superflu. Adieu mots doux enflammés, regard de braise, discussion haletante pendant des heures au coin du feu... La gourde n'a alors que ses yeux pour pleurer... On l'avait bien prévenue, pourtant !

L'HOMME NOUVEAU RÊVE D'UNE GOURDE QUI CROIT À SA FIDÉLITÉ, À SA MONOGAMIE SURNATURELLE

D'une femme qui lui donne la douce impression que c'est bien lui qui tient les rênes. Une adorable soumise s'occupant, en plus de son job (il faut bien qu'elle rapporte des sous), des enfants, de la maison, du linge et qui, en outre, acceptera de lui faire une gâterie quand il en aura envie.

Parole de coach

Ce qui fait fondre les hommes :
Une allure sportive
Une bouche sensuelle
Une forte poitrine (de préférence naturelle)
De longues jambes
Des hanches pleines et marquées
Une taille fine (différence marquée entre la taille et les hanches, même si la taille n'est pas fine)
Des fesses rondes
De grands yeux
Des cheveux longs
Un petit nez
Un ventre plat
Un dos cambré
Un long cou

Bref, il envisage une bonne gourde, une fille qui ne pense pas trop, ou qui, en tout cas, en présence de son homme, éteint son cerveau, redevenant la gentille épouse des années 1950. Si, en plus, elle a un beau cul et des seins voluptueux, alors là, c'est le top !

LA GOURDE DOIT ÊTRE UN PEU SOUMISE AU LIT ET SE PLIER AUX ENVIES DE SON HOMME

L'homme nouveau ayant des envies de baise permanentes (ça, ça n'a pas bougé depuis la nuit des temps), la gourde doit savoir y répondre sans faire de reproches du style : « Encore ? T'es un obsédé ou quoi ? »

Oui, l'homme est obsédé par le sexe !
Il ne manquera pas de faire payer à sa femme son refus de lui faire une gâterie ou de coucher avec lui. Bonjour le week-end lorsqu'elle refuse ! Les *cojones* pleines lui montent au cerveau, et il lui fait passer une fin de semaine désastreuse. D'ailleurs, dans beaucoup de traditions, les femmes font la grève du sexe pour faire céder les hommes sur leurs humbles demandes... On comprend bien pourquoi, et comment, cela fonctionne !

LES FEMMES NE COMPRENNENT PLUS RIEN À LA SEXUALITÉ DÉBRIDÉE DES HOMMES (TU M'ÉTONNES)

Depuis que *YouPorn* et *Tukiff* sont arrivés sur la Toile, les hommes ont tombé le masque. Cette sexualité gratuite en un clic les a totalement TRANSFORMÉS. J'ai évidemment mené ma petite enquête et je peux vous dire que ce que l'on découvre sur ces sites est AFFREUX ! Les femmes sont des êtres lubriques, adorant la sodomie, léchant le pénis de leurs hommes pendant des heures, rasées intégralement et, surtout, aimant le sexe brutal, voire violent ou agressif. On est bien loin de l'amour !

Or, il faut savoir que plus de 10 millions d'hommes se connectent chaque jour (tout âge confondu : de l'ado prépubère au vieillard sénile) ! Ces sites permettent aux jeunes de se découvrir (mais mon Dieu, quelle horrible entrée en

Parole de coach

Le cerveau féminin est conçu pour la communication orale, et le but de la communication orale est de parler ! La plupart du temps, lorsqu'une femme parle, elle ne recherche ni réponses ni solutions. L'homme n'est pas conçu ainsi, il se doit de régler ses problèmes seuls et n'éprouve pas le besoin de parler. Cela explique beaucoup de malentendus et d'incompréhensions réciproques.

Parole de coach

Les femmes commettent souvent l'erreur de supposer que du simple fait qu'elles sont aimées, elles sont aussi comprises.

matière !), aux célibataires de se masturber à longueur de journée (ça, c'est bien), aux hommes mariés de se défouler (et d'être de meilleure humeur à la maison, merci !), à ceux qui bandent mou de se masturber sans souci et à ceux qui ne bandent plus de s'exciter tout de même. Certaines femmes sont aussi spectatrices, mais leur nombre est infime. C'est bien trop animal, grossier, vulgaire, bestial et, finalement, sale.

Comment voulez-vous qu'un homme « normal » ne soit pas touché par tout ce qu'il voit à travers son écran ? Un conseil donc : ne vous pointez jamais épilée intégralement, ne jouissez pas comme la Callas, car sinon, gare à vous, vous serez cataloguée comme les vulgaires salopes qui s'exposent sur ces sites. Vous devez impérativement vous montrer différente, comme une femme encore un peu fragile... Dans le cas contraire, tout ce que vous obtiendrez, c'est de réveiller la bête sauvage et lubrique qui sommeille en chaque homme sévèrement burné.

LES ERREMENTS AMOUREUX *de la gourde*

La gourde a tout faux dès qu'il s'agit des hommes et des relations amoureuses. À croire qu'elle a suivi une formation pour se planter à tous les coups. Parmi ses erreurs, le fait qu'elle se mette à nue bien trop vite. Car, oui, la gourde est tout sauf un mystère. Or, l'homme aime les icebergs : un petit rocher glacial à peine visible et tout à découvrir en dessous. Ah, les dessous des femmes ! Leur profondeur, leur âme, leurs paradoxes, leur complexité, leurs hésitations, leurs atermoiements, leurs sautes d'humeur ! La gourde balaie naïvement tout cela, en soulevant le voile de son âme comme sa jupe. Résultat : l'homme pleure en dedans. Mais s'il n'y avait que ça…

ELLE RACONTE SA VIE EN DÉTAIL DÈS LE PREMIER COUP DE TÉLÉPHONE OU DÈS LE PREMIER RDV

La gourde n'a pas intégré ce que signifie le mot « mystère », ni que l'homme rêve d'une page blanche – même chez une femme de 50 ans. Comment peut-il se projeter dans une

Parole d'homme

Une femme s'inquiète du futur jusqu'à ce qu'elle se marie. Un homme s'inquiète du futur à partir du moment où il se marie.

histoire d'amour toute neuve lorsqu'il se trouve face à une femme qui lui déballe toute sa vie à la première occasion ? Bien sûr, les hommes et les femmes ont tous un passé, des échecs, des succès, des errances, des déceptions, des moments de solitude... Mais de là à les exposer à tout-va, NON !

ELLE CROIT TOUT CE QU'ON LUI DIT

La gourde cherche une écoute attentive et un homme qui va ENFIN réparer tous ses errements (notamment sentimentaux). Elle croit tous les jolis mots qu'on lui murmure... Comme dans la fable *Le Corbeau et le Renard* de La Fontaine, elle tombe toute crue dans les bras du premier amateur de gourdes qui lui chuchote qu'elle est belle, intelligente, remplie de charme. Et la voilà, sautant à pieds joints dans cette nouvelle histoire, certaine d'être enfin aimée, sans prendre le temps d'observer la bête face à elle.

ELLE EST DÉPENDANTE ET LE MONTRE ASSEZ VITE

À coup de textos et d'appels, la gourde se montre très très rapidement disponible. Elle se met à vivre par procuration, à travers ce nouvel amour. Elle répond aux messages de son homme dans l'instant et ne sait plus se faire désirer, alors que lui, par nature chasseur, ne rêve que de cela.

ELLE BALANCE DES GÉNÉRALITÉS SUR LES HOMMES

Et, évidemment, ils détestent ça ! Chaque être est unique et même si les hommes hétéros se ressemblent sur de nombreux points, il ne faut jamais le leur rappeler. La gourde se montre du coup critique, mégère et, au final, aigrie.

ELLE POSE TROP DE QUESTIONS SUR LA NATURE DES SENTIMENTS NAISSANTS DE SON NOUVEL HOMME

Pauvre de lui, qui ne sait pas, au début, analyser ses sentiments, perdu entre désir sexuel et sentiments réels. Comment, alors, obtenir une réponse claire à la question : « Est-ce que tu m'aimes ? » Il n'en sait encore rien ! La gourde ne sait pas que l'homme a besoin de temps pour s'assurer de ses sentiments. Elle va bien trop vite et lui met la pression.

Parole d'auteur

«L'homme est ainsi, il a deux faces :
il ne peut pas aimer sans s'aimer.»
Albert Camus (*La Chute*, 1972)

ELLE DÉCORTIQUE ET ANALYSE CHAQUE PROPOS DE SON HOMME

Lui, au contraire, se fiche complètement de savoir ce que signifie tel ou tel sous-entendu. Il est carré, logique, parle peu (en tout cas moins qu'elle) et déteste la psychologie de comptoir. Non, il n'est pas parfait, et il s'en bat les *cojones*.

ELLE PARLE OUVERTEMENT DE SES COMPLEXES

«Je vais me faire refaire les seins, qu'est-ce que tu en penses ?» La gourde ouvre les yeux de ce fiancé tout frais, alors qu'il aimerait rester un peu aveugle. Elle zoome sur sa cellulite et tous ses petits défauts. Le résultat ne se fait pas attendre ! L'état d'aveuglement disparaît rapidement et l'homme se dit : «Mais comment ai-je pu craquer pour cette fille si imparfaite ?» Il ne reste plus à la gourde que ses yeux pour pleurer. Et un bon chirurgien esthétique spécialiste ès gourdes.

ELLE BOUDE À TOUT BOUT DE CHAMP

Et le pauvre garçon ne sait évidemment même pas pourquoi elle tire la tronche ! Oui, les hommes aiment un peu les emmerdeuses, c'est-à-dire les femmes qui leur tiennent tête, mais ils détestent les grincheuses, les râleuses, les peine-à-jouir et les têtes « soupes à la grimace ». Le monde est assez violent et agressif comme ça pour ne pas ajouter une pisse-froid à leurs côtés.

ELLE EN FAIT DES CAISSES CÔTÉ LOOK

Maquillée comme une voiture volée, parfumée à coup de carafes, en lingerie bien trop sexy, la gourde n'a pas compris qu'un homme rêve d'une femme naturelle (même si c'est un faux naturel, entendons-nous bien).

ELLE PASSE SON TEMPS SUR SON IPHONE

Or, l'homme doit se sentir unique et irremplaçable, et la gourde doit le mettre en valeur, oubliant pour un temps (lorsqu'elle est avec lui) son téléphone, son Facebook, son twitter, ses textos et tout le reste !

👎 ⛔ 😟

ELLE PARLE DE SES RÈGLES

« Tu sais, j'ai mal au ventre à chaque fois et, en plus, elles sont très abondantes. » L'homme se projette rapidement en se disant : « Oh *my God*, chaque mois ça va être l'enfer… » Sans compter que la gourde aura bien pris la peine de lui dire que, dans ces périodes-là, elle est hypersensible et prend tout au pied de la lettre…

ELLE SE MONTRE HYPERINDÉPENDANTE ET UN BRIN DOMINATRICE

Eh oui, certaines gourdes déploient le drapeau de leur « virilité », de leur autonomie financière, et s'emploient à faire comprendre qu'elles n'ont franchement besoin de personne. Rien de mieux pour que l'homme prenne ses jambes à son cou. Rien de mieux pour lui couper symboliquement les couilles.

ELLE EST UN VRAI POT DE COLLE

La gourde demande à être avec son homme en permanence, ou, tout du moins, en lien avec lui par textos, ce que les hommes détestent. Elle exige aussi une affection sans limites. Elle lui demande ainsi tous les jours s'il l'aime, voire plusieurs fois par jour… Les hommes, comme les femmes d'ailleurs, ont parfois besoin d'être tranquilles, et cela ne veut pas dire qu'ils

Parole d'homme

Quelle est la différence entre une femme qui va avoir ses règles et un bandit?
Avec un bandit on peut négocier.

vont faire n'importe quoi. Il sont fabriqués de la sorte : après la bataille (celle qu'ils mènent au boulot), ils ont besoin de REPOS. C'est le fameux repos du guerrier.
Si la gourde ne respecte pas ce temps-là, elle va à l'encontre de nombreuses déconvenues.

ELLE SE MONTRE RAPIDEMENT HYSTÉRIQUE

Malheur à lui s'il ne répond pas instantanément à ses textos ! La gourde lui fait des reproches, se lamente, lui rejoue la scène 2 de l'acte III. Commencer une union avec une hystéro, c'est vraiment le pire scénario pour un homme. Déjà qu'il déteste rendre des comptes, mais si, en plus, il est fliqué et doit constamment se justifier, c'est la fuite assurée. La gourde se répand alors en pleurs et en cris, ce que l'homme ne sait absolument pas gérer. « Va-t-elle s'arrêter et quand ? Que dois-je dire, que dois-je faire pour qu'elle arrête ses plaintes ? » Le voilà paumé et surtout épuisé. Vivre avec une fille pareille, JAMAIS.

ELLE EST JALOUSE

À la première occasion, elle regardera le téléphone de son homme, l'espionnera sur les réseaux sociaux. La gourde n'a pas compris que les hommes adorent faire les coqs et ne se tapent pas pour autant tout ce qui bouge. L'homme en déduira que cette femme n'a aucune confiance en elle et il finira par être dégoûté de cette gourde, même si elle est très belle.

ELLE EST BIEN TROP MATERNELLE

Non et non ! L'homme n'a plus besoin d'une maman (du moins au début de la relation, ensuite, ça peut changer…) ! La gourde le harcèle : « Ne prends pas froid, fais attention en moto, mets bien ta ceinture, ne bois pas trop ce soir… » Lui qui a mis du temps à couper le cordon ne veut pas se remettre la corde autour du cou. Bien sûr que cela part d'un bon sentiment, mais l'homme a besoin de sentir qu'il est avec une FEMME, ce qui est plus qu'érotique pour lui. Baiser sa mère, PAS QUESTION.

Paroles d'auteur

« L'amour est la grande affaire des femmes, même de celles qui ne l'ont guère connu ou pas du tout. Elles ont un œil d'aigle pour le repérer, si soigneusement se dissimule-t-il ; elles le devinent avant qu'il soit éclos. »
Jean Dutourd (Les Œvres romanesques, 1979).

ELLE A OUBLIÉ LES TRAVERS ANCESTRAUX DE L'HOMME

Il aime se retrouver en meute, boire de l'alcool, péter à foison, roter, mettre les pieds sur la table, dire des grossièretés avec ses potes, passer des heures aux toilettes sans tirer la chasse, rester sale, se décrotter le nez dans la voiture (et jeter les adorables crottes sous le siège), bâiller et s'endormir devant des séries de mecs débiles, la main sur la quéquette, jouer à des jeux vidéo violents, se gratter régulièrement les *cojones* (« Elles sont bien là ? Ouf, je suis rassuré ! »), mater des films pornos quand la gourde n'est pas là...

ELLE SE MONTRE BIEN TROP SUPERFICIELLE

Elle ne se préoccupe pas du monde, de l'actu, ne s'intéresse qu'au qu'en-dira-t-on, n'a aucun sujet de conversation, n'a pas de réelles passions. Bref, la gourde est d'un ennui mortel. Ce qui compte pour elle, ce sont les dernières chaussures qu'elle a achetées ou sa nouvelle coupe de cheveux (« Tu as vu, ça me va bien, hein chéri ? »).

Paroles d'auteur

« En amour, il faut aux hommes des formes
et des couleurs, ils veulent des images.
Les femmes ne veulent que des sensations,
elles aiment mieux que nous, elles sont aveugles. »
Anatole France (*Le Jardin d'Épicure*, 1895)

ELLE TENTE DE MANIPULER L'HOMME, MAIS PAS COMME IL FAUT…

Elle se fait passer pour une victime en permanence. Ce sera donc toujours sa faute à lui. La gourde menace, prive son homme de sexe et fait du chantage. Ces outils de manipulation mal exploités vont bien sûr exaspérer ce dernier. Cette gourde recherche le rapport de force en permanence, ce qui est éreintant pour un homme qui n'aspire qu'au calme !

ELLE EST MACHO ET AUTORITAIRE

La gourde donne rapidement des ordres à son homme : « Tu peux faire les courses, promener le chien, vider la poubelle, aller voir le garagiste… ? » En clair, elle abuse de la gentillesse et du sens du service des hommes.

ELLE EST UN PEU NÉGLIGÉE

Après la phase de séduction, son style devient un peu trop naturel : elle ne se coiffe pas, ne se maquille plus, ne s'épile plus non plus, ne se brosse les dents qu'une fois par jour. Sans parler du laisser-aller vestimentaire : vêtements très peu flatteurs, voire carrément moches ! Rien pour séduire le mâle.

Paroles d'auteur

« L'amour est aujourd'hui toute l'ambition de la femme. Pour l'homme, au contraire, il n'est, le plus souvent, que le sommeil momentané de l'ambition. »

Marie d'Agoult (*Esquisses morales*, 1849)

ELLE EST DÉPRESSIVE

La gourde est régulièrement triste et voit le monde en noir, le verre à moitié vide. Pas moyen de la faire rire ou sourire. Elle fait de tout un drame ; ses collègues de bureau, ses voisins, tout est prétexte à prouver que ce monde est pourri. La gourde est toujours de mauvaise humeur et devient vite un poison pour l'homme, au lieu d'être un cadeau.

ELLE POSE TROP DE QUESTIONS

Les hommes sont secrets, ils n'aiment pas dévoiler leurs échecs sentimentaux, leurs rapports difficiles avec leur famille ou leurs collègues, ce qui prouverait, insidieusement, qu'ils sont des ratés. Pourtant, la gourde insiste, elle veut tout savoir. Résultat, l'homme bottera en touche et se sauvera dès qu'il le pourra.

LE GOURDE *cul-butée*

En matière de sexe, la gourde n'est pas plus douée que pour les relations amoureuses : faut-il tout donner ? Ne rien donner ? Donner à moitié ? Mais comment faire ? Comment font les autres ? Qui fait quoi ? Jusqu'où aller, s'abandonner ? Autant de questions auxquelles la gourde tente de répondre, pour majoritairement se retrouver un peu, voire carrément, à côté de la plaque.

ELLE S'OFFRE FACILEMENT ET MANIFESTE SON PLAISIR À COUP DE GÉMISSEMENTS PRONONCÉS

La gourde a perdu le sens du sacré de son corps, de son entrejambe, de sa bouche et de son anus. Elle est « open bar ». Elle n'a pas confiance en elle et, surtout, n'a plus autant d'estime d'elle-même. Comment peut-elle vouloir être aimée complètement et totalement (jusqu'à un vrai engagement) si elle ne s'aime qu'à moitié ? On est toujours aimée à la hauteur de ce que l'on s'aime et de ce que l'on sème. Si la gourde s'apprécie à 50 %, elle sera aimée à 50 %. Pas compliqué comme équation !

Parole d'auteur

« Toutes les femmes capitulent sur l'oreiller. »
Étienne Rey (*Maximes morales et immorales*, 1914)

ELLE A DES DEMANDES SPÉCIFIQUES LORSQU'ELLE FAIT L'AMOUR

La gourde ne sait pas que l'homme a besoin de se sentir capitaine de vaisseau même s'il navigue comme un pied. La gourde s'exprime sur ce qu'elle aime, alors que ce genre de confessions ou confidences ne se fait que bien, bien plus tard dans une relation. À savoir, lorsque l'homme est enfin tombé amoureux.

ELLE VEUT FAIRE L'AMOUR DANS LE NOIR OU LA PÉNOMBRE

La gourde n'assume pas son corps et ses imperfections. En plus, elle ne prend pas assez en compte le côté visuel des hommes. Si la gourde ne laisse pas son mec mater un peu, il ne restera pas longtemps. Car, lui, se fout des défauts et des imperfections ! Il est juste excité et a besoin de voir sa compagne dans le feu de l'action.

ELLE DEMANDE À ÊTRE CÂLINÉE, SERRÉE, ENLACÉE, APRÈS AVOIR FAIT L'AMOUR

La gourde ne sait pas que, physiologiquement, l'homme est quasi « mort » après l'éjaculation, que son cerveau et ses bras sont tout mous, sans énergie, et que lui ne rêve que d'une chose : qu'on lui fiche la paix. « Ne me demande plus rien, s'il te plaît, je t'ai tout donné, je veux dormir ! »

ELLE PARLE DE SES PROJETS DE BÉBÉ

La gourde n'a pas compris que l'homme, depuis qu'il est homme, n'a qu'une peur : qu'on lui fasse un enfant dans le dos. « Et si elle mentait et qu'en fait elle ne prend pas la pilule ? Me voilà cuit pour 20 ans ! » Ce sujet est HYPER, hypertabou. Parler d'enfants dans les premiers mois de la relation, c'est comme mettre le feu à sa propre maison.

Ce que la gourde ATTEND D'ADAM

La gourde rêve d'absolu. Mais le pays de l'Absolu n'existe pas. Elle rêve de perfection, d'union cosmique. Elle rêve d'un ange et se voit confrontée à un homme très sexué. Elle a soif d'un amour inconditionnel, et ce, depuis la nuit des temps. Ses espérances sont infinies…
L'homme, quant à lui, a perdu le sens de la pureté depuis l'apparition d'Internet, qui a ouvert la boîte de Pandore. Dorénavant, tout lui est permis sur la Toile, et il va de soi qu'il tente de reproduire ce schéma *in real life*. La libération explosive des mœurs génère à présent beaucoup de souffrance du côté de la gourde, qui attend de son homme des choses qu'il ne peut (ou ne veut) pas lui donner…

QU'IL NE REGARDE PLUS JAMAIS UNE AUTRE FEMME

Impossible, un homme a des lasers à la place des yeux, des scanners à la place des mains. Au fond de son cerveau reptilien régnera toujours cette pensée : « Oh celle-là, je la baiserais bien, dommage, ce sera dans une autre vie. » Ce n'est pas qu'il n'aime pas sa femme, cela n'a bien entendu rien à voir ! Mais il rêve d'un harem, et si elle ne l'accepte pas et se montre de nature jalouse, elle s'apprête alors à souffrir toute sa vie.

QU'IL LA COMPLIMENTE APRÈS TROIS ANS DE VIE COMMUNE

Un homme regarde une femme précisément dans les premiers mois de la relation. Non, il ne regarde pas son cerveau, mais admire ses courbes, même imparfaites, sa gestuelle, sa voix, ses cheveux. Passé ce temps d'observation, il ne remarquera pas, ou plus, une nouvelle coupe de cheveux ou un brushing tout frais. Et, évidemment, la gourde lui en fera le reproche ! Mais ce n'est pas sa faute ! C'est physiologique : il ne s'intéresse visuellement à sa compagne que lorsqu'il veut la conquérir complètement. Une fois que c'est fait, il est souvent incapable de se souvenir de ce qu'elle portait la veille.

QU'IL COMPRENNE SES SILENCES

Un homme est dans l'action, dans son monde, dans son présent. Il n'a quasiment aucune mémoire des broutilles amoureuses, alors qu'une femme peut lui rappeler ce qu'il a fait il y a 1 an, 4 jours et 3 heures. Donc, Monsieur tombe de sa chaise lorsque la gourde lui ressort la liste des griefs qu'elle accumule depuis des semaines et qui explique son silence (sa bouderie). Il la prendra d'ailleurs pour une folle, ou une

Parole d'auteur

« Une femme fidèle dont le cœur est pris,
c'est un jardin sous clef, une fontaine close. »
Henri-Frédéric Amiel (*Fragments d'un journal intime*,
1821-1881)

grande névrosée («Comment peut-elle noter et conserver tout cela dans son carnet de notes?»). Premièrement, il a tout oublié, surtout s'il a eu tort, et, deuxièmement, il ne se sent que rarement coupable.

QU'IL LA CARESSE ET SOIT TENDRE APRÈS DEUX ANS DE RELATION

Oui, au début, l'homme touchera la gourde et la caressera... Le meilleur du meilleur. Il sait bien comment la capter et ce qu'elle aime! Mais il faut se rappeler une chose importante: il ne le fait que pour lui faire plaisir. Lui, s'il pouvait la culbuter directement, les pattes en l'air sur la table de la cuisine, cela lui irait très bien. Toutes ces simagrées de tendresse, de caresses dans le cou, c'est bien pour courtiser, mais franchement, quelle perte de temps! Les hommes qui rêvent d'avoir une fellation dans la minute et ce, pendant une demi-heure, sont légion! Si, en plus, il y a un match de foot à la télévision juste après et une bonne bière ou une bonne bouteille de vin dans le frigo, c'est la soirée EXTASE. Quant à la gourde, elle aura droit à un: «Je t'aime, ma chérie» ce soir-là (comprendre: «Tu suces tellement bien et tu sais vraiment ce qui me fait plaisir»). Des bonheurs simples, en somme.

Les femmes qui me consultent en me disant: «Il ne s'occupe plus de moi comme avant, il me prend trop vite...» sont légion aussi. Nous apercevons alors clairement les deux continents opposés que sont les hommes et les femmes. Plutôt que de se plaindre, ces dernières devront faire comprendre à leur homme qu'il aura ce genre de «cadeau» si, de temps en temps, il se donne davantage et fait des efforts, tout comme il en faisait au début de la relation. C'est donnant-donnant.

QU'IL SOIT EN PERMANENCE À SON ÉCOUTE

Un homme est à l'écoute pour RÉSOUDRE un problème. Être à l'écoute pendant des heures pour rien lui semble sans aucun intérêt. Si la gourde tente de s'épancher auprès de lui et de chercher un vrai réconfort, autant qu'elle aille voir un coach, un psy, une amie, mais pas lui. Car l'homme se lassera vite des looooongues complaintes de la gourde et finira par lui dire : « Tu aurais dû faire ceci ou cela, oui mais je t'avais dit comment il fallait procéder. » Bref, il reviendra à sa logique : trouver des solutions, résoudre des équations. Et en finir avec le prétendu problème. Résultat, la gourde pleure dans les bras de sa meilleure amie : « Tu te rends compte, mon mec se fout de mes problèmes, il abrège en permanence la discussion et, au lieu de me soutenir, me dit ce qu'il y a à faire ou à ne pas faire. C'est sûr, je le saoule et il ne m'aime pas. »

Demander à un homme d'écouter religieusement une femme, c'est une torture et il aura du mal à résister. Sauf lorsqu'il n'a pas encore couché avec elle. Là, IL L'ÉCOUTERA pour obtenir ce qu'il veut. Il ne faut jamais oublier ce qu'il a dans la tête : j'écoute = je couche avec elle, donc je n'écoute pas pour rien.
On en revient toujours à la même logique ancestrale.

Parole d'auteur

« Aujourd'hui, en amour, on ne fait plus la cour à une femme, on bouscule son jardin. »
Pierre Dac (Les Pensées, 1972)

QU'IL AIME LA VOIR VIEILLIR OU GROSSIR

Un homme est visuel, qu'il soit jeune ou vieux. Donc, voir sa femme devenir une vieille pomme ridée, très peu pour lui ! La voir prendre 10 ou 20 kilos, encore moins. Je sais, c'est carrément injuste, car lui aussi vieillit, perd ses cheveux, a des bourrelets sur le bide, des poches à doubles revers sous les yeux... Mais pour lui, ce n'est pas grave, un homme est toujours beau, quoi qu'il arrive.

La gourde sera obligée d'avoir recours à des aides esthétiques, voire quelques chirurgies pour certaines, si vraiment leurs seins sont devenus des gants de toilette après avoir accouché... Évidemment, l'homme aimera toujours sa gourde, mais un peu moins quand même. Disons que son désir sera moins vif. Et, évidemment, elle le ressentira et en souffrira. On ne peut pas y faire grand-chose. Les femmes aiment les hommes moches, gros, gras, avec une mauvaise haleine et des cheveux hirsutes. L'inverse est faux... et ça dure depuis des siècles...

QU'IL PRENNE SOIN D'ELLE LORSQU'ELLE EST MALADE

L'homme déteste que sa gourde chérie, sa gourde préférée, soit malade. Faire le papa, très peu pour lui, c'est à elle de s'occuper de lui, du foyer, des enfants... Elle ne doit pas attendre qu'il la soutienne comme un dingue ! Il essaiera de diminuer au maximum ses divers maux, et ira même se persuader que ce n'est rien. Les médecins déplorent d'ailleurs que lors de longues maladies, les femmes se retrouvent majoritairement seules, alors que les hommes souffrants ont toujours une femme à leurs côtés. Les chiffres sont parlants, malheureusement.

QU'IL LA POUSSE AU MAXIMUM AU NIVEAU DE SA CARRIÈRE

Un homme aime gagner plus et le prouver. Cela vient toujours de son ancienne vie d'homme des cavernes, où il devait nourrir et protéger sa famille, c'est-à-dire lui apporter tout ce dont elle avait besoin et lui trouver un nid la protégeant du froid et des intempéries.
Il aura de ce fait du mal à pousser sa femme au maximum de ses possibilités, au risque qu'elle le dépasse et l'écrase financièrement. Que lui resterait-il alors ? Pas grand-chose. Il existe des exceptions, heureusement, mais elles sont rares.

Parole d'auteur

« Les femmes sont rarement aimées
comme elles voudraient l'être : c'est-à-dire
par un Dieu tout-puissant qui leur donnerait tout
et ne leur demanderait rien. »
Henri de Régnier (*Lui, ou les femmes et l'amour*, 1928)

QU'IL LUI RACONTE SA VIE DE BOULOT OU ENTRE COPAINS EN DÉTAIL

La gourde peut s'amuser à lui poser des questions sur sa journée :
« Ça va chéri, tu as passé une bonne journée ?
– Oui.
– Et ton boss, il a été cool cette fois ?
– Oui, ça va.
– Et tu as mangé quoi au déjeuner ?
– Je sais plus.
– Mais, tu m'écoutes mon cœur ?
– Oui.
– Mais tu ne me racontes rien ?
– Ça va, je te dis ! »
Il ne racontera JAMAIS sa journée en détail, alors que du côté de sa femme, ce serait un vrai roman-fleuve !

QU'IL NE LA TROMPE JAMAIS

Un homme a deux cerveaux, le premier en haut et le second au niveau de l'entrejambe. Toute gourde avertie doit savoir que c'est souvent le second cerveau qui commande. S'il a une occasion facile de coucher avec telle ou telle Marie-couche-toi-là, il le fera sans hésiter, et sans la moindre culpabilité. La gourde ne le sait pas : il a une capacité d'oubli phénoménale, sans compter qu'il a toujours une bonne excuse pour tromper sa compagne : « Tu sais, chérie, cela faisait longtemps que tu ne me faisais plus de fellations donc, tu vois, c'est vraiment de ta faute si j'ai DÛ aller voir ailleurs et, crois-moi, ce n'était pas de gaieté de cœur. »

QU'IL ADORE QU'ELLE PASSE DES HEURES AU TÉLÉPHONE AVEC LUI

Lorsque la gourde appelle son homme, il emploie souvent des phrases presque en morse. Elle aura beau lui faire comprendre qu'elle a besoin de lui parler, de l'entendre lui dire des mots doux, il se sentira dérangé dans ce qu'il était en train de faire. On le sait bien, un homme ne peut pas se concentrer pleinement sur deux tâches à la fois ! D'autant plus si c'est pour écouter des choses dont, théoriquement, il se fout comme de sa première chaussette. Il sera poli, mais fera rapidement comprendre que, là, il n'a pas beaucoup de temps, qu'il est dans la voiture, qu'il va à un rendez-vous... « On en

Parole d'auteur

« Pour être aimé des femmes,
vous devez enchanter leurs âmes. »
Charles-Simon Favart (*Les Trois Sultans*, 1761)

parlera ce soir, chérie ! » Et, le soir venu, il n'en reparlera pas, car il aura totalement oublié pour quelle raison sa femme l'aura appelé plus tôt dans la journée.

QU'IL SACHE AVOIR TORT ET L'AVOUER

L'homme aime avoir le dernier mot. Oui, c'est ainsi. Toute sa virilité est mise à mal lorsque la gourde tente de le rabaisser, ou ce qu'il voit comme tel. C'est comme lui couper les noisettes. Il faut donc apprendre à se taire, ou ce sera le conflit permanent. C'est d'ailleurs le secret des couples qui durent : la femme fait croire à son homme qu'il a raison et fait tout en douce. Elle finit par obtenir ce qu'elle souhaite sans être frontale, en protégeant l'ego si sensible et dilaté de Monsieur. Et tout le monde est ravi !

QU'IL LA FASSE PASSER AVANT SON MATCH DE FOOT

L'homme a viscéralement besoin de tout ce qui est sport en meute, que ce soit foot, rugby ou basket. Il a fondamentalement besoin de se retrouver entre HOMMES, où ne se joue que l'impact des virilités des uns et des autres. Ce n'est pas les autres qu'il voit jouer, mais lui, ce qu'il aurait fait lui, à la place de tel ou tel joueur. Cet instinct masculin du combat vient de ses ancêtres et n'a pas bougé d'un iota au cours des millénaires. Si la gourde veut se faire hurler dessus, libre à elle d'éteindre le match qui passe à la télévision ou d'empêcher son homme d'aller s'ébattre avec ses potes. Elle verra le lion rugir !

QU'IL SACHE RETROUVER SES AFFAIRES

Un homme ne retrouve jamais RIEN, même lorsque l'objet se trouve EN FACE de lui. Il lui manque plusieurs cases à ce niveau-là, alors que, côté orientation et gestion de l'espace, il est bien plus calé que la femme. Il faut se faire une raison, accepter cette malfaçon de son cerveau (Dieu a eu un bug au moment de la construction) et aller chercher l'objet à sa place... Sinon, bonjour les disputes sans fin !

Parole d'auteur

« Les femmes prennent souvent le chemin de l'amitié dans l'espoir d'y rencontrer l'amour. »
Anne Barratin (*De toutes les paroisses*, 1913)

QU'IL REGARDE LES MÊMES PROGRAMMES QU'ELLE

Nous n'avons pas les mêmes valeurs, nous ne mangeons pas les mêmes rillettes, vous vous souvenez de la pub... Eh bien là, idem ! Il aime les polars, les films brutaux, les films à suspense ? Elle aime les films romantiques, les films historiques à l'eau de rose... Comment faire au quotidien ? Regarder quelques films ensemble ou avoir deux télévisions ! Car, en plus, Monsieur est très possessif quant à sa zappette. C'est lui qui doit zapper, et malheur à celle qui zappe à sa place !

EN BREF, LA GOURDE AIMERAIT QUE SON HOMME...

✓ Soit plus bavard.
✓ Fasse l'amour moins souvent.
✓ Ne lui demande pas en permanence de lui faire des fellations.
✓ Arrête de vouloir avoir raison et de ne pas donner d'explications.
✓ Soit plus attentif, plus romantique, la complimente plus.
✓ Comprenne qu'elle a besoin de temps pour arriver à l'orgasme.
✓ Comprenne que lorsqu'il mate une jolie fille devant elle, le monde s'écroule.
✓ Soit moins terre à terre (un problème = une solution).
✓ Soit plus sensible.

✓ Soit plus à l'écoute.
✓ S'intéresse vraiment à son point G.
✓ Comprenne que la sodomie n'est pas une anecdote.
✓ Tolère qu'elle regarde des débilités à la télévision.
✓ Soit moins direct, moins spontané, plus diplomate.
✓ Comprenne les sous-entendus.
✓ Analyse ses silences ou ses bouderies.
✓ Lui fasse davantage de caresses sans forcément vouloir faire l'amour.
✓ Arrête de focaliser sur son job.
✓ Arrête d'amplifier sa douleur, sa fatigue et ses différents petits maux de santé.
✓ Passe moins de temps aux toilettes et tire la chasse d'eau tout de suite après !
✓ Arrête de lui reprocher sa conduite en voiture.
✓ Ait une meilleure mémoire lorsqu'il s'agit de faire les courses.
✓ Passe plus de temps avec elle au téléphone.
✓ Soit moins colérique, agressif ou violent.
✓ La materne davantage.
✓ Remarque lorsqu'elle change quelque chose à sa silhouette.

Pauvre d'elle !

2.

Adam kiffe Ève

ADAM, UN FOUDRE *de guerre binaire*

Un homme est simple. C'est bien cela qui est compliqué. La femme, elle, aime complexifier. Il aime simplifier. Il n'y va pas par quatre chemins, mais droit au but. Dans les relations amoureuses, c'est la même chose : en quelques regards, il définit qui est la femme en face de lui et ce qu'elle attend. Le problème, c'est que la réciproque n'est pas vraie et que la propension féminine à tout compliquer le rend dingue et sans voix. Il se pose mille questions sur les femmes et se plaint qu'elles ne comprennent pas ses demandes, pourtant si simples !

LES QUESTIONS ÉPINEUSES DES HOMMES AU SUJET DES FEMMES

Les hommes sont souvent pris de cour face aux réactions et à la façon d'être des femmes...

✓ Pourquoi parlent-elles autant ?
✓ Pourquoi veulent-elles toujours parler de leurs problèmes ?
✓ Pourquoi ont-elles tendance à tout exagérer ?
✓ Pourquoi tournent-elles toujours autour du pot ?
✓ Pourquoi parlent-elles la langue du « sous-entendu » ?

Parole d'homme

Les hommes recherchent une épouse pour sa vertu, une maîtresse pour sa beauté.

✓ Pourquoi veulent-elles tout savoir dans les moindres détails ?
✓ Pourquoi ne savent-elles pas laisser les hommes en paix ?
✓ Pourquoi boudent-elles ?
✓ Pourquoi pleurent-elles à tout bout de champ ?
✓ Pourquoi se font-elles autant de « films » ?
✓ Pourquoi manquent-elles souvent de discernement ?

À QUOI RÊVE ADAM ?

L'homme, à la différence de la femme, n'idéalise pas l'amour. Il a bien les pieds sur terre et la verge dans le boxer. Il sait que le mariage, ou l'union, est un passage obligé, contre lequel il ne pourra guère lutter s'il veut donner vie à une descendance. Malgré tout, il ne croit pas à cette union mythique, cet amour éternel et palpitant. Car il connaît ses pulsions, son animalité et, surtout, il sait très bien que sa nature est polygame.
Se mettre en couple est donc pour lui une véritable torture ! En général, il épouse sa « future » car il a trop peur que sa gourde ne soit prise par un autre mâle plus conquérant et parce que, au final, il a quand même fini par tomber amoureux. Mais s'il pouvait vivre sans passer devant M. le maire, l'homme s'en porterait très bien.

POUR ADAM, L'AMOUR DOIT ÊTRE BASIQUE

L'amour, c'est une femme qui le soutient, qui l'admire, qui le chouchoute, voire le materne. Une femme qui le laisse mater ses matchs, roter ou péter (quoi de plus normal ?), ne le force pas à bavarder à longueur de journée (son cerveau n'est pas programmé pour les longues conversations), ne le « flique » pas, n'est pas trop volubile, pas trop excentrique ni exubérante.

Une femme qui lui fait de temps en temps des petits plats (mêmes surgelés) et lui donne de beaux enfants (quelle fierté ! Il ne fait rien et se retrouve avec de magnifiques poupons).

Une femme jolie de préférence, avec des rondeurs bien placées, qui s'entretient (vive le sport, les régimes, les instituts de beauté et les chirurgiens esthétiques), sait s'effacer un peu devant ses potes, sait tenir une maison...

Mais, surtout, une femme qui aime le sexe sans pour autant se comporter comme une salope ou une star du porno. De cette femme-là, il pourra tomber amoureux !

Les hommes s'intéressent en premier lieu, et dans l'immense majorité des cas, à l'apparence physique et à la présentation de la femme. La personnalité et l'humour viennent ensuite. Hélas, c'est ainsi...

Parole de coach

Pourquoi les femmes aiment pleurer ? Parce que les larmes contiennent de l'encéphaline, un tranquillisant corporel qui soulage la douleur. Elles jouent alors un rôle d'antalgique naturel. Les larmes contiennent aussi des endorphines, qui soulagent la souffrance émotionnelle.

LES HOMMES AIMERAIENT QUE LES FEMMES...

✓ Leur fassent régulièrement seulement des fellations (le bonheur).
✓ Arrêtent de leur faire des reproches quotidiens et constants.
✓ S'intéressent aussi à leurs testicules et à leurs fesses.
✓ Acceptent plus facilement la sodomie.
✓ Les mettent davantage en valeur.
✓ Soient plus concrètes, plus terre à terre (un problème = une solution).
✓ Soient moins sensibles.
✓ Les laissent TOUJOURS conduire.
✓ Soient moins en demande affective ou en attente de mots doux.
✓ Comprennent qu'ils peuvent bander sans aucune raison.
✓ Comprennent que mater une jolie fille, c'est dans leurs viscères et qu'il n'y a pas de quoi être jalouses.

✓ Arrêtent de focaliser sur leur poids (ce qui est paradoxal, car ils n'aiment pas qu'elles prennent du poids).
✓ Soient plus sportives et marchent plus.
✓ Acceptent leurs longs passages aux toilettes.
✓ Aient une moins bonne mémoire, ce qui permettrait aux mensonges de glisser tout seuls.
✓ Soient moins susceptibles.
✓ Soient moins hystériques au moment de leurs règles.
✓ Soient en permanence « disponibles », même enceintes jusqu'aux yeux.
✓ Arrêtent de materner tout le monde.
✓ Ne flippent pas quand ils ne répondent pas immédiatement au SMS. Quand ils disent qu'ils sont occupés, ils sont vraiment occupés.
✓ Arrêtent de traiter les autres femmes de salopes parce qu'elles couchent.
✓ Leur demander d'être amoureux pour faire l'amour, ce qui leur donne l'impression d'avoir à signer un contrat.
✓ Les rejettent quand ils veulent faire l'amour.
✓ Sachent dire quand elle n'aiment pas un cadeau. Ça évitera les disputes.
✓ Contrôlent leurs sautes d'humeur : si quelque chose les emmerde, qu'elles n'emmerdent pas tout le monde avec.

QUELQUES VÉRITÉS BONNES À SAVOIR ET À PLACER EN POST-IT SUR LE FRIGO

Êtes-vous au courant ?

✓ Que l'acuité visuelle est globalement plus performante chez la femme. En revanche, chez l'homme, l'activité visuelle diurne est meilleure !

Parole de coach

Après avoir montré des photos de belles femmes à des hommes de tous âges, des neurologues ont constaté que ces images stimulaient les mêmes zones cérébrales que la cocaïne et l'argent.

- ✓ Que l'homme a « une écoute sélective » et, du coup, une mémoire « à tiroirs ».
- ✓ Que l'homme peut éjaculer sans orgasme.
- ✓ Que tenir des heures à faire l'amour l'épuise.
- ✓ Qu'il préfère souvent être passif (vive la fellation).
- ✓ Que l'homme n'a pas la même notion du temps.
- ✓ Qu'un homme par nature est moins dans la compassion ou l'empathie immédiate.
- ✓ Que l'homme a un quota de 7 000 mots/jour et la femme de 20 000 (vous comprenez mieux la non-communication).
- ✓ Que la femme a une mémoire émotionnelle alors que l'homme a une mémoire factuelle.
- ✓ Qu'il préférera souvent une soirée entre potes devant un match Paris-St-Germain/Marseille à un dîner aux chandelles.

L'HOMME PASSE LA GOURDE AU SCANNER

Lorsqu'il rencontre une gourde, il se fonde sur le visuel pour la jauger et la cataloguer. Attention, comme il ne connaît pas le sous-entendu et le non-dit, il ne cherche généralement pas plus loin que le bout de son nez… Et ça peut faire mal ! Voici quelques-unes des questions qu'il se pose :

✓ Est-ce une femme facile ?
✓ Est-ce une femme qui s'aime et a confiance en elle ?
✓ Est-ce une femme à qui je pourrais faire confiance ?
✓ Est-ce une femme qui pourrait devenir la « femme de ma vie » (même si je la trompe régulièrement) et que j'aurais envie d'épouser ?
✓ Est-ce une femme consciente de ses limites et de mes pulsions ?
✓ Est-ce une femme « classe », sachant me rappeler et me démontrer l'importance, voire la sacralisation, de son entrejambe (en clair, une femme qui sort du lot) ?

Étant logique et systémique, l'homme classe ensuite la gourde dans une catégorie et lui colle une belle étiquette (oui, dès le premier soir) :

✓ Salope
✓ Pute
✓ Fraîche
✓ Ménopausée
✓ Pas baisée

✓ Pure
✓ Pétasse
✓ Super-bonne
✓ Mal baisée
✓ Trop bonne
✓ Facile
✓ Suceuse
✓ Vulgaire
✓ Sale
✓ Chiante
✓ Fanée
✓ Chaudasse
✓ Collante
✓ Pénible
✓ Hystérique
✓ Classe
✓ Qui suscite le respect
✓ Digne d'être une femme
✓ Bonne à marier

La gourde n'aura pas beaucoup de temps pour se montrer sous son meilleur jour et, une fois les dés jetés, elle ne pourra, en aucun cas, changer la donne. Les jeux seront faits. L'homme est tout sauf une girouette.
En amour, il est binaire.

Parole de femme

Les hommes sont comme le mascara.
Ils disparaissent au moindre signe d'émotion
de notre part.

Parole d'homme

Quelle est la ressemblance entre les femmes et les toilettes publiques? Elles sont souvent occupées et, si elles ne le sont pas, c'est pour une des raisons suivantes:

- elles sont sales ;
- elles sentent mauvais ;
- leurs canalisations sont trop vieilles ;
- elles n'ont pas été lavées ;
- elles sont mal fréquentées ;
- elles sont carrément hors-service ;
- elles sont coincées.

CE QU'IL FAUT À ADAM *pour tomber amoureux* DE LA REINE DES GOURDES

Une fois la première rencontre « dans la boîte », l'homme peut, après quelque temps, s'attacher, puis tomber amoureux de la gourde. Mais pour cela, il lui faut des éléments élémentaires (mais très nombreux !) et qui, eux aussi, n'ont guère évolué depuis la nuit des temps.

IL AIME UNE FEMME QUI LUI RÉSISTE CAR IL EST UN ÉTERNEL CHASSEUR

Quel intérêt suscite l'antilope si elle se retrouve directement en escalope dans l'assiette du lion et ce, avant même qu'il ne l'ait chassée et ait eu peur de ne pas y arriver ?
Aucun homme ne résiste à une femme qui lui résiste. Il en devient fou, puis amoureux la plupart du temps. Dans ce laps de temps, il dépasse ses pulsions animales et fait monter

Parole d'auteur

« L'amour humain ne se distingue du rut stupide des animaux que par deux fonctions divines : la caresse et le baiser. »
Pierre Louÿs (*Aphrodite*, 1929)

l'énergie vitale de son sexe, vers son cœur et enfin sa tête. La femme doit lui laisser connaître ce bonheur.

IL AIME PROFONDÉMENT UNE FEMME QUI L'ÉCOUTE, CAR SON EGO EST CE QU'IL Y A DE PLUS IMPORTANT POUR LUI

Son ego = sa virilité.
Si on s'intéresse vraiment à lui, l'homme se sent surpuissant, un sentiment dont il a grandement besoin dans un monde où il perd la notion de pouvoir.
Oui, il aime se sentir dominateur, viril et un brin macho. La gourde doit lui faire croire que c'est le cas pour un temps, avant d'inverser la tendance par la suite.

IL NE PEUT PAS TOMBER AMOUREUX D'UNE FEMME TROP « VIRILE »

Si la femme se montre hyperindépendante, exubérante, libérée de tous tabous sexuels et totalement autonome (synonyme pour lui de « je n'ai pas besoin de toi, d'ailleurs je n'ai besoin de personne »), il n'aura pas de sentiment amoureux.
Il ne souhaitera pas s'engager et ne la demandera jamais en mariage.

Si la femme s'en accomode (on en doute), elle pourra entretenir une relation de type *sex friend* (ce qui ravit les hommes :

du sexe sans aucun engagement !). Mais il faut bien réfléchir à ce type de relation qui peut être très frustrante. L'homme prendra son pied, c'est vrai, mais n'ira pas présenter sa femme à ses potes, encore moins à sa famille. Si elle, de son côté, cherche un *sex toy* « vivant », alors c'est bon, mais, honnêtement, elle se lassera très vite de ce genre de relation, car elle commence à s'attacher sérieusement après le premier rapport sexuel. Résultat : elle en prend plein la figure lorsqu'un jour l'homme passe à une autre *sex friend*, allant « chasser » une autre proie, lorsqu'il a fait le tour de la première.

IL A BESOIN D'UNE FEMME AYANT DE L'HUMOUR, POUVANT RIRE DE SES BLAGUES (MÊME NULLES)

L'humour signifie pour lui l'accès à une forme de liberté, une sorte d'intelligence. Cet humour, cette dérision, ce second degré, cette distance, lui permettent de caresser l'espoir que

Parole de coach

Chez l'homme nouveau, le sport est venu remplacer la chasse. La plupart des activités sportives sont nées après 1800. Avant cela, une grande partie de la population mondiale continuait à chasser le gibier pour se nourrir ou s'amuser. La plupart des sports supposent de courir, d'atteindre un point ou une cible et permettent aux hommes de dépenser leur surplus de testostérone.

la femme comprendra, par la suite, ses maladresses, ses accès de solitude et ses manquements éventuels.
Cet humour et ce sourire aux lèvres font craquer un homme. Il se dit : « Ah, elle est cool, un peu chieuse, mais pas trop, (juste ce qu'il faut). Elle aimera mes potes, elle me laissera tranquille lorsque j'en aurai besoin et, surtout, elle est intelligente. Elle a tout compris de ce que désire ardemment un homme. Elle me fera voir la vie en rose, saura me consoler, m'aider si j'en ai besoin et relativiser tout ce que j'ai tendance à prendre au sérieux (mon job, mes pulsions, mon besoin de silence, mon autonomie). » En clair, c'est la femme idéale.

IL A BESOIN D'UNE FEMME QUI SAIT CULTIVER UN JARDIN SECRET

Quoi de moins attirant qu'une femme qui déploie son CV sentimental, qui dépeint ses ex pendant des heures, n'omettant pas de les salir au passage (il ne faut jamais oublier que les hommes sont solidaires des autres hommes).
Il aimera et convoitera une femme qui sait garder des zones d'ombre, des secrets, des non-dits, afin qu'il puisse écrire sa propre histoire sur la « page blanche » qu'elle représente.
Un homme n'a aucune envie de faire l'amour à une femme qui a déjà connu de nombreux amants.
Il rêve intimement d'une femme quasi vierge (bien entendu, il sait que, de nos jours, ce n'est pas possible à 20, 30, 40 et encore moins à 60 ans) qu'il sera le premier à révéler. À révéler vraiment !

Encore ce fameux ego ! Il faut donc mentir le plus possible tout en restant dans les limites du raisonnable.
D'ailleurs, l'homme, lui, ne s'épanche guère sur son passé amoureux et ne livre pas le moindre détail sur ses anciennes conquêtes.

Si la femme reste mystérieuse, il aura la possibilité et le temps de l'IDÉALISER. Elle deviendra alors la seule et l'unique, et il oubliera, comme par magie, toutes les autres qui, semble-t-il, ne lui arrivent pas à la cheville.

En ce qui concerne les avortements éventuels, là encore, la femme doit rester bouche cousue : elle n'en a simplement pas eus ! Il sera bien temps de lui en parler lorsque qu'ils seront en couple depuis deux ans... Mais PAS AU DÉPART. Sinon, il pensera : « Une femme qui rejette ou expulse un enfant est peut-être une méchante, une immature, une foutraque, une tarée, une je-m'en-foutiste, une inconsciente, un monstre. » Ou encore : « Pourquoi n'a-t-elle pas pris ses précautions ? Et si elle tombait enceinte de moi ? »
C'est inconscient, mais un homme a du mal à accepter que l'on puisse donner la vie mais également décider de ne pas le faire par choix (souvenez-vous du combat qu'a dû mener Simone Veil pour la loi en faveur de l'avortement en 1975).

Parole d'auteur

« Être marié ! Ça, ça doit être terrible.
Je me suis toujours demandé ce qu'on pouvait bien faire avec une femme en dehors de l'amour. »
Sacha Guitry (Faisons un rêve, 1936)

L'homme rêve de transmettre une possible descendance (le bonheur d'éjaculer = je transmets et c'est bon). Pourtant, il en a un peur bleue. Si la femme désire qu'il s'engage, mieux vaut donc ne pas aborder ce sujet très tabou.

IL FOND POUR UNE FEMME SENSUELLE

Une femme qui sait mettre ses atouts en valeur sans les exhiber : exit donc les ongles violets, bleus, noirs, les jupes ras-la-moule, les talons supercompensés (il déteste), les seins dévoilés outrageusement, les cheveux moyennement propres ou décolorés (enfin, qui ne semblent pas naturels), les tenues trop moulantes en haut et en bas (il faut choisir entre le haut et le bas !)...

Pour lui, la sensualité signifie : des cheveux brillants, des dents saines, un joli sourire, une aisance dans la gestuelle, un parfum doux et envoûtant, une tenue sexy mais pas trop (il doit avoir l'impression de découvrir, et lui seul, sa compagne et sentir que son corps n'est pas exposé à tout le monde).

Il veut une femme qui semble être en accord parfait avec sa féminité et qui ne cherche pas à être virile. Qui ne se donne ni ne s'abandonne à personne, à l'exception de l'être cher.

Une femme bien dans son corps, qu'elle soit ronde ou maigre, du moment qu'elle s'assume.

Selon lui, une femme sensuelle est une femme qui aime déguster le moment, un bon verre de vin, un bon plat. UNE FEMME SIMPLE, en somme (nous savons bien que cela n'existe pas, mais laissons-le rêver).

Parole de coach

*Pour les femmes, le sexe est le prix à payer pour le mariage.
Pour les hommes, le mariage est le prix à payer pour avoir du sexe assuré.*

Dans le même ordre d'idée, l'homme est très sensible à la gestuelle, qui doit être lascive, douce et caressante. La démarche doit être celle d'une danseuse ou, tout du moins, d'une femme qui n'est pas pressée. La femme doit utiliser tout son corps : jeux de jambes furtifs, mains caressant la chevelure, doigts passant furtivement sur la bouche... Tout un art, me direz-vous ? Non, il faut simplement imaginer que l'on est invité à la table de la reine d'Angleterre. Personne ne se comporterait comme un routier, même sympa.

IL A BESOIN D'UNE FEMME BIENVEILLANTE

C'est-à-dire douce et ayant de l'empathie. L'opposé de lui, en clair. Il sait combien, parfois, il peut être rude et malhabile ! Voire idiot ou ridicule. Il a donc besoin de son opposé. Cela ne fait pas d'elle une chiffe molle, mais une femme diplomate, rusée, fine, qui a de l'intuition (lui n'y a pas accès, à quelques exceptions près). Une femme qui sait jouer de sa nature chaleureuse pour renverser une situation et qui sait, par un demi-sourire, faire fondre n'importe qui, lui le premier.

Cela a l'air simple et pourtant, ça ne l'est pas ! Car depuis la conquête de l'égalité hommes-femmes, l'homme ne tombe plus que sur des femmes-mecs ! Et il ne s'y retrouve pas. Alors, même si elle continue le combat de l'égalité (ce que nous espérons), la femme doit essayer « d'épargner » un peu son homme, en le laissant par exemple prendre le volant de la voiture (n'oubliez pas que cet objet est phallique), en étant à l'écoute de ses inquiétudes (l'argent, le pouvoir, le job, il ne faut pas oublier qu'il se doit, depuis la nuit des temps, de nourrir et protéger sa famille, son camp, sa tribu), en ne le rabaissant pas s'il dit une connerie…

La femme doit toujours lui donner l'impression qu'il est un homme, un vrai. Le mettre sur un piédestal en quelque sorte. Il se sent alors un vrai héros et il en a dramatiquement besoin. Rien de mieux que le regard aimant d'une femme pour faire croire à l'homme qu'il n'a rien perdu de sa splendeur, de son pouvoir et de sa puissance d'action.

IL RÊVE D'UNE FEMME QUI NE COUCHE PAS FACILEMENT

Que penser d'une femme qui s'allonge le premier soir, ou même le deuxième ? Aura-t-il le temps de fantasmer (ce qu'il adore… se caresser en pensant à ses courbes, à son corps, à sa personnalité) ?
Il considère que celle qui craque facilement n'est pas une fille digne d'intérêt, mais une pauvre fille en manque d'amour,

qui ne se respecte pas assez, qui n'a pas confiance en elle, qui aime trop le sexe. Cela va l'angoisser, car l'homme a TOUJOURS peur de ne pas être à la hauteur : « Vais-je assez bander, vais-je savoir m'y prendre, vais-je pouvoir tenir longtemps, vais-je savoir quels préliminaires faire avec elle ? » Bref, toutes ces questions le hantent, le bouffent, voire l'inhibent littéralement.

L'homme a besoin d'une femme qui connaît sa valeur et le lui rappelle.
Après une phase où elle se laisser apprivoiser, où on lui fait la cour, la femme peut se laisser faire, mais pas tout de suite !
Attention d'ailleurs, mais nous y reviendrons dans la partie pratique : allez-y par paliers et, surtout, pas de fellation sans rapport sexuel !

IL A BESOIN D'UNE FEMME QUI LUI DONNE L'IMPRESSION D'ÊTRE UN HOMME « LIBRE »

L'homme est par nature un chasseur, dont les ancêtres vivaient au fond des grottes et allaient chasser pour rapporter de quoi vivre à la tribu... Une vraie liberté, donc ! Et ce besoin coule toujours dans ses veines.

Parole d'auteur

*« L'homme dit : aimons pour vivre ;
et la femme répond : vivons pour aimer. »
George Sand (Constance Verrier, 1860)*

Si la femme l'appelle sans cesse, lui demande où il est, ce qu'il fait, où il va ce soir, etc., il prendra ses jambes à son cou ! « Ouh là là, celle-là, elle va me mettre un GPS dans le cerveau et je ne vais plus pouvoir respirer, vagabonder, aller voir mes potes tranquille ou jouer à des jeux débiles sur mon ordi ! Elle va me pourrir la vie et je vais devoir lui rendre des comptes en permanence ! » (Ce dont il a horreur.)
Cet homme-là va donc prendre de la distance très rapidement. Puis sans aller.
Un homme distant = affaire classée.
Un homme a plus que tout besoin d'avoir la sensation d'être « SANS LAISSE », alors que les femmes sont fusionnelles, plutôt dépendantes pour la grande majorité et parfois un peu collantes. Conseil donc : refréner ses instincts si l'on veut garder un mâle.

IL A ENVIE D'UNE FEMME QUI SAIT CE QU'ELLE VEUT (MAIS NE LE DIT PAS TOUT DE SUITE)

L'homme aime les femmes indépendantes, aimant leur job (ou le laissant croire), les femmes qui paraissent s'assumer (je garde mes problèmes pour moi), financièrement plutôt autonomes (mais pas tout à fait, sinon, à quoi sert-il ?), emplies d'envies, de passions, aimant danser, faire du sport, ou d'autres activités qu'il ne connaît pas mais qui le font rêver et fantasmer.
Les paumées, les en-manque-d'affection-ou-qui-se-dévoilent-trop vite, les femmes qui semblent s'accrocher à

leur porte-monnaie, les filles qui ont l'air seules (pas de mecs, pas de passions, pas de loisirs, pas d'amis), vont véritablement lui faire peur. Il comprend alors qu'il va devoir être le père, l'ami, le plombier, l'amant, le banquier. Au secours ! C'en est trop pour lui.

IL NE TOMBE PAS AMOUREUX D'UNE FEMME QUI CRITIQUE TOUT ET SANS CESSE

Cette femme est une aigrie, une chiante, et non une chieuse, ce qui est charmant à ses yeux.
Elle n'aura de cesse de lui faire des reproches, et Dieu sait si elle en aura le loisir, car il sait combien, tout comme elle, il est imparfait.
Donc, si la femme critique son boss, ses collègues, ses amis, même ses meilleurs amis, sa famille, les programmes télé, ce film au ciné qu'ils ont vu ensemble, ce plat au restau qui était dégoûtant, il ne faut pas qu'elle s'imagine que l'homme lui demandera de vivre à ses côtés. Il la sautera, puis basta.
« Mais qu'ai-je-fait ? » pensera-t-elle. Eh bien elle aura juste montré combien elle pouvait être insatisfaite et potentiellement odieuse !

Parole de coach

Une femme notée 4 sur 10 en début de soirée obtient 8 sur 10 à la fin de la soirée après alcoolémie et fatigue.
Un homme noté 4 sur 10 par une femme en début de soirée restera à 4 sur 10 même en fin de soirée.

IL NE VEUT PAS D'UNE FEMME PRESSÉE

Si on parle rapidement d'avenir à un homme, sa respiration se coupe. Si on lui demande ses projets à moyen ou long terme, il se glace, se ferme et surtout se tait ou botte en touche.
En effet, l'homme est très différent des femmes, il ne se projette pas autant. Il a une faculté ÉNORME à vivre l'instant présent, ce qui est loin d'être le cas de ces dernières, qui échaffaudent encore et toujours mille et un plans pour leur avenir. Elles savent que, pour elles, les années comptent triple (comme au Scrabble®) : le vieil adage « la femme vieillit, l'homme, lui, mûrit » est toujours d'actualité !
L'homme est de ce fait beaucoup, mais alors beaucoup moins pressé que les femmes ! D'autant que lui n'est pas biologiquement tenu de faire des enfants avant un certain âge (il peut être père jusqu'à plus de 80 ans, injuste, non ?).
S'il sent la femme prête à lui mettre rapidement le grappin dessus, l'homme lui fera gentiment comprendre : « Je ne suis pas pressé, je n'ai pas envie de m'engager, ce n'est pas le moment pour moi. » Ces phrases voudront simplement dire : PAS AVEC TOI !
L'homme ne supporte pas de se sentir contraint et forcé. D'ailleurs, même le jour du mariage, il oscille entre angoisse et bonheur (« Mon Dieu, toutes ces femmes qui vont me passer sous le nez à présent ! »).
La femme doit donc garder ses projets sous silence et faire tomber l'homme dans ses filets sournoisement.

Parole de coach

Quand vous tentez de changer un homme, vous endossez le costume de sa mère !

IL N'AIME PAS FORCÉMENT CONNAÎTRE L'ÂGE DE SA CONQUÊTE

Qui dit âge, dit explications, qui dit explications, dit « histoires d'ex », enfants ou non, rides à venir, fatigue… En clair, une femme à problèmes potentiels. Si un homme lui demande son âge, la femme doit répondre gentiment : « Je ne donne jamais mon âge. » Les hommes n'ont pas besoin de poser une étiquette de « péremption » ou de « hors d'usage » sur un joli minois. Cela évitera les conclusions acerbes et hâtives du genre : « Elle a l'âge de faire des enfants = elle va m'en faire = je ne suis pas forcément prêt », ou « Elle est proche de la ménopause = elle va m'en faire voir de toutes les couleurs », ou « Elle est trop jeune = elle manque d'expérience et va me coller ».

Parole de coach

Un homme comprend qu'il doit parler lorsqu'il fait la cour à une femme. Une fois la femme acquise, il ne voit aucun intérêt à continuer ce petit jeu.

IL A BESOIN ET ENVIE D'UNE FEMME SEREINE (DU MOINS EN APPARENCE)

Pour réussir dans sa vie professionnelle, un homme a besoin de se mettre en avant et d'activer ses pulsions innées d'agressivité, de ferveur au combat, de sens de la compétition.
Dans un monde encore très machiste, ces qualités exacerbées lui permettront de réussir et d'entreprendre. Il le sait et le comprend fort vite.
Ne donnant pas (dans le sens mettre au monde) et ne portant pas la vie, il se doit de s'épanouir sur d'autres plans, qui l'ancrent pleinement dans ce monde. Cette différence fondamentale porte les hommes et les femmes à avoir des attitudes opposées, mais complémentaires. C'est pourquoi les hommes ont dramatiquement besoin d'une femme aux atouts opposés à leurs pulsions de mâle.
En bref, une femme pétrie de douceur, de sensualité, de féminité, emplie de « maternance », d'empathie, de compassion.

☀️ 👸 😌

IL DÉSIRE UNE FEMME QUI NE DOUTE PAS

Pas une qui lui demande sans cesse : « Dis-moi que tu m'aimes » ou bien « Est-ce que tu m'aimes ? » ou « Dis-moi encore que tu m'aimes, j'en ai besoin. »
Pour l'homme, étaler ses sentiments comme de la confiture n'est pas un processus biologique naturel, il le fait pour faire plaisir et encore, pas tous les jours. Par ailleurs, il a, au fond de lui, la peur d'être manipulé et dévoré s'il confie à quel point la femme lui est indispensable.
L'homme a compris le BA-ba de l'amour, il sait parfaitement garder ses distances et rester un brin mystérieux dans ses déclarations.

Malheur à celle, donc, qui étalera ses sentiments, dévoilera tout ce qu'elle ressent (surtout au début de la relation). Elle perdra tout son charme, son charisme, son pouvoir d'attraction, son mystère, sa capacité à envoûter. On comprend la soif de transparence, d'authenticité, des femmes cherchant continuellement à faire le tri entre les « sauteurs » d'un soir et les « hommes fiables ». Ce désir de poser toutes les cartes sur la table est néanmoins un « cul-de-sac ». Car l'homme déteste dire, exprimer, répéter, « consoler » d'emblée une femme, ou la « réparer » (il aime paradoxalement le faire, mais bien après, une fois que la relation est construite). À l'inverse, dans les premiers temps de la relation amoureuse, il désire ne pas trop savoir, ne pas se confier ni entendre les confidences de l'autre, afin de pouvoir encore et toujours mieux la désirer et, surtout, bander plus que jamais.

Parole d'auteur

« L'homme est une intelligence contrariée par des organes. »
Charles-Maurice de Talleyrand-Périgord
(*La Confession de Talleyrand*, 1754-1838)

UN HOMME NE SUPPORTE PAS QU'UNE FEMME LUI PARLE DE SES PRÉTENDUS COMPLEXES OU DE SES COMPLEXES RÉELS

Personne n'est parfait, même pas les mannequins totalement retouchées en un clic sur l'ordi et qui apparaissent fraîches comme des roses sur papier glacé ! Les hommes ne sont pas dupes, ils savent parfaitement (enfin, aujourd'hui) que ces femmes sont passées par le logiciel Photoshop. Donc, arrêtons d'avoir peur !

Cela étant dit, il faut savoir que l'homme ne voit pas sa conquête comme elle est, car le désir et l'amour sont aveugles ! Il faut donc éviter de lui dire : « Tu as vu, j'ai les seins qui tombent un peu, je crois que je vais me les faire refaire », ou « Oh là là, le ventre que je me paie, il faut que j'arrête de manger n'importe quoi », ou encore « Je déteste mes cuisses, elles sont moches. »

Si la femme ne cesse de le bassiner avec ses complexes, il finira par ouvrir les yeux et se dire : « C'est vrai qu'elle n'est pas terrible, qu'elle est même moche, c'est sûr, je peux sans doute trouver mieux. »

Le maître mot : s'accepter comme on est (de toute façon, on n'a pas le choix) et ne focaliser sur aucun complexe !

IL N'AIME PAS LES BAVARDES

L'homme n'est pas très loquace. C'est pourquoi, avec lui, il ne faut pas chercher à meubler la conversation à tout prix. S'il y a des silences, eh bien à lui d'ouvrir la conversation et de proposer un sujet. La femme ne doit pas être un moulin à paroles... Ce qui pour lui signifie qu'elle le laissera peinard devant son match de foot, sans lui prendre la tête en discussions stériles à longueur de journée. Bref, il sera un homme HEUREUX.
Attention à ne pas être non plus l'inverse, c'est-à-dire bouche bée ou muette. Il s'imaginera que la femme n'a strictement rien à dire ou, pire, qu'elle est un brin prétentieuse ou pimbêche. Un juste milieu s'impose.

IL CRAQUE POUR LA LINGERIE FINE

Quel homme ne fond pas devant une jolie culotte, blanche de préférence (qui symbolise la pureté), mais pas crème (il trouve que ça fait grand-mère) ?
Quel homme n'a pas envie d'enlever un joli soutien-gorge à dentelle ? Ce qu'il désire et souhaite par-dessus tout, c'est pouvoir IMAGINER, FANTASMER... pour BANDER (la sensation de bander est tellement jouissive, même sans rapport).
Un conseil : jetez toutes vos culottes sympas (en coton, pour le quotidien) et optez pour des culottes sexy, transparentes, troublantes. Attention à ne pas choisir le total string (com-

munément appelé « string ficelle ») qui fait tout de suite viande à ficelle… Préférez le string brésilien en V, qui ne boudine pas, met en valeur les fesses, sans faire passer pour une gentille pétasse.

IL N'ATTEND PAS QUE SA DULCINÉE DEVIENNE UN POTE

Ce n'est pas son rôle. Il a des amis et des copains pour ça. La femme ne doit pas lui taper dans le dos comme s'ils avaient fait l'armée ensemble (d'ailleurs, plus personne ne fait l'armée !). Elle doit aussi éviter de rire avec un gros rire gras qui la range directement dans le lot des bonnes copines avec qui on couche, mais avec lesquelles on ne reste JAMAIS.

IL N'AIME PAS QU'UNE FEMME JOUE LA THÉRAPEUTE

La femme ne doit pas s'amuser à lui décrire ses sensations, ses émotions, ou à analyser ses comportements ou attitudes en sa présence (elle peut le faire par la suite avec ses copines). Il aurait l'impression d'être jugé, et ce serait ressenti comme une ingérence insoutenable. Il en déduira : « Aïe, je suis tombée sur une vrai méga-chiante, une névrosée, elle a dû faire une analyse de 10 ans. Je comprends pourquoi elle est célibataire. »

IL AIME S'ADONNER SEUL À SES PASSIONS (DU MOINS AU DÉBUT)

Que ce soit la moto, la voiture, le golf, les jeux vidéo, le foot, la plongée ou autre, la femme doit le LAISSER TRANQUILLE ! Il aime se retrouver entre hommes, moment où, enfin, ils parlent peu et retrouvent ce fameux esprit de compétition. Que ferait une femme dans cet univers ?
Et, surtout, il faut éviter de lui demander de rentrer à telle ou telle heure : la femme doit le laisser faire. Il n'est pas complètement tordu ! Si on ne lui demande rien, c'est lui qui rentrera plus tôt que prévu.

IL A ENVIE D'UNE FEMME QUI LUI PARAÎT, SOUS CERTAINS ASPECTS, INACCESSIBLE

Il adore la découvrir, prendre le temps pour cela, faire mille et une tentatives pour tenter de mieux la cerner. Avec une femme un peu inaccessible, il n'aura jamais peur de s'ennuyer (grande terreur des hommes). Il saura qu'elle est en permanence un peu « ailleurs » et cela le rendra fou d'elle : « Mais à quoi pense-t-elle ? À un autre ? Ou alors je l'ennuie ? Je ne suis peut-être pas assez bien pour elle ? Est-ce que j'en fais assez ? » En clair, il se torturera les méninges pour la combler et en fera trois fois plus, redoublant d'attentions. Un peu de

Parole de coach

Une femme pense que si un homme lui parle peu,
c'est qu'il ne l'aime pas.
Ce qui est faux, il est juste bien.

distance, de temps en temps, rallume intensément la flamme de l'homme et excite profondément sa libido !

IL N'AIME PAS LE MAQUILLAGE ET TOUT CE QUI EST TRAFIQUÉ

Oui, il peut mater des gros seins avec prothèses, mais il n'épousera pas ni se mettra en couple avec une femme aux prothèses très volumineuses. Il faut, pour lui, que cela reste dans le domaine du fantasme.
Pour le maquillage, *idem* : *exit* de ce pas les tatouages des lèvres, les tatouages des sourcils, les mèches hyperdécolorées qui rendent le cheveu de n'importe quelle femme semblable au foin. *Exit* aussi les yeux hypercharbonneux, à l'exception d'une soirée de fête où la lumière est hyprasombre, et pas au début de la rencontre. Car lorsqu'il voit une femme maquillée comme une voiture volée, il se dit : « Mais comment est-elle le matin au réveil ? » ou « Je suis en train de me faire enfler sur la marchandise, si ça se trouve, sans ce maquillage, elle fait dix ans de plus ou elle a un truc à cacher… »

IL AIME CELLE QUI DONNE L'IMPRESSION D'ÊTRE UN BRIN NAÏVE

Attention, je n'ai pas dit conne ou carrément stupide, mais qui joue un peu l'étonnée devant ce qu'il raconte. Une femme, en fait, qui joue en permanence les premières fois :

« Ah bon ? Oh, vraiment ? Ah, incroyable ! »
Il se sentira alors comme un mélange de Superman et de Spider-Man. Oui, c'est lui qui vous ouvre les portes de la caverne d'Ali Baba. Comment peut-on se passer d'une femme comme ça ? Eh bien, justement, on ne s'en passe pas.

IL AIME UNE FEMME UN BRIN MATERNELLE

C'est clair, il n'est pas question de passer son temps à lui faire la cuisine, faire son lit ou le servir. Ça, c'était avant... Ce que l'homme adorera, c'est que la femme lui refasse son nœud de cravate, lui replace son col de chemise qui pendouille, lui prépare son petit déjeuner (pas le premier jour où ils couchent ensemble, mais bien après), qu'elle soit tendre et câline (ça le fait fondre), qu'elle ait la peau douce (comme sa mère il y a bien longtemps, lorsqu'il blottissait sa petite tête entre ses seins), qu'elle montre qu'elle aime les enfants, les animaux, les plantes, la planète...
Cet homme-là sera comblé.

IL AIME SE SENTIR LE CENTRE DU CENTRE DE L'UNIVERS

Pas question de le regarder avec des yeux de merlan frit, mais de se laisser attendrir par ses propos, de le questionner, de l'interroger sur son job, ses passions, ses loisirs. Bref, de lui faire ressentir combien sa vie semble palpitante. MÊME SI C'EST FAUX !

Parole de coach

Un homme baise, une femme fait l'amour.

IL FUIT LES FEMMES AU PARLER CRU

D'où l'importance de bannir les mots « merde », « putain », « connard » de son vocabulaire. Ça, c'est éventuellement pour ses potes, mais, dans la bouche d'une femme, ce n'est pas très glamour, c'est le moins que l'on puisse dire.

IL AIME LES DOUCHES ÉCOSSAISES

La femme doit alterner des moments où elle l'écoute religieusement avec des moments où elle a l'air d'être ailleurs. Elle peut aussi lui dire : « Je dois m'absenter quelques minutes », sans préciser où elle va (surtout pas « Je vais me remaquiller » ou « J'ai une sacrée envie de faire pipi », ça va de soi). Non, pas un mot ! Et elle peut même embarquer son téléphone. Lorsqu'elle sera de retour à table, elle sentira à quel point il se pose des questions et à quel point, même en 5 minutes, elle lui a déjà manqué. Eh oui ! C'est le principe du chaud-froid : ça réveille !

IL EST TRÈS SENSIBLE AUX EFFLUVES

Vous connaissez l'attraction de nos fameuses et célèbres phéromones, ces substances chimiques émises par la femme lorsqu'elle est en ovulation et qui réveilleraient un mort. Eh bien, il y a des parfums qui émoustillent et font davantage ressortir ces fameuses phéromones, puissants aimants

sexuels. Il se dira : « Je ne sais pas ce qu'elle a mis comme parfum, mais ça me fait complètement craquer. »
Attention tout de même : les parfums trop captivants et envoûtants dissipent et effacent ces phéromones, donc il faut être subtile avec le pulvérisateur. Choisir un parfum qui entoure sensuellement et qui est à l'opposé de son caractère : si l'on est plutôt de nature franche, acheter un parfum fin et réservé ; si l'on est plutôt un peu excentrique, choisir un parfum doux comme la peau d'un bébé.
La femme peut aussi utiliser des huiles différentes selon les parties du corps, comme les Orientales : cheville, creux du genou, creux du poignet, nuque. Ces huiles sont aphrodisiaques, mais il faut en mettre une ou deux gouttes maximum.

IL SE FOCALISE SUR CERTAINES PARTIES DU CORPS DE LA FEMME

Les yeux et la bouche en premier lieu, qu'il faut toujours mettre en valeur. Il ne pourra s'empêcher de penser : « Oh mon Dieu ! Lorsque cette bouche ira m'embrasser… là et là… » Il sera hypnotisé.

Parole de coach

Pourquoi les femmes parlent-elles la langue des sous-entendus ?
Parce que, depuis toujours, elles sont portées à tisser des relations avec les autres, à éviter les agressions, les confrontations et les conflits. Elles n'ont pas ou peu (comparé aux hommes) de combats d'ego.

Il est aussi fou des jolis cheveux. La base : des cheveux propres, brillants et qui bougent. Adieu les laques et autres brushs trop serrés qui vous font prendre 10 ou 20 ans. C'est parce qu'ils glisseront sur l'épaule de la femme qu'ils éblouiront son partenaire ; s'ils restent scotchés sur le crâne, aucun intérêt.

Enfin, l'homme aime les mains féminines. De jolies mains hydratées, des ongles peints de manière naturelle ou avec une très belle couleur (si on est très classe dans sa tenue vestimentaire, on peut choisir un joli rouge, sinon on oublie cette couleur) le font rougir d'envie. Des ongles moyennement longs ou trop longs les effraient car ils ont peur d'avoir mal à leur entrejambe (ils pensent : « C'est sûr, elle va me griffer ou me faire mal si, par un merveilleux hasard, elle m'attrape trop violemment le pénis »).

IL ADORE LES FEMMES PASSIONNÉES

Que ce soit par son job, sa collection d'allumettes, son amour du sport ou de la peinture, une femme passionnée le subjugue. Rien de pire qu'une fille même hyperbelle avec laquelle on s'ennuie à mourir (« Si elle n'a rien à me dire ce soir, qu'est-ce que ça va être dans un an ! »). D'où l'importance de faire connaître ses passions, ses curiosités, ses joies. Bref, de se montrer enjouée et heureuse de vivre ! Une femme qui semble prête sur-le-champ à vivre beaucoup d'expériences devient tout à coup très excitante.

IL AIME LA FEMME QUI RÊVE DU PRINCE CHARMANT MAIS SE CONTENTE DU PRINCE CHARMEUR

Pauvres de nous qui pensions (tout comme eux, d'ailleurs) que l'homme presque parfait existe. Nous savons HEUREUSEMENT aujourd'hui que c'est faux. On doit donc se contenter, et faire avec, une certaine imperfection… *Idem* pour eux. Ils rêvent aussi d'une femme très belle, intelligente, friquée, sexy, pas chiante, avec un superjob et surtout aucun problème.

Une fois que la femme a dépassé ces attentes non réalisables, elle se retrouve face à un homme qui, lui, a compris qu'elle fonctionne par les oreilles ! C'est-à-dire qu'elle réagit aux jolis mots.

L'homme va donc l'inonder de belles paroles : « Tu sais, je ne me suis jamais senti comme ça avec une femme », « Tu sais, je crois que je suis en train de tomber amoureux », « Tu me fais totalement fondre », « Je rêve de toi chaque nuit depuis que je t'ai vue », etc. À défaut d'être le prince charmant, il joue à la perfection le rôle du prince charmeur qui va directement amener la femme dans son lit. Car, à ce stade, ce n'est pas d'amour dont il s'agit, mais bien de finir la nuit à l'horizontale. Méfiance, donc…

Parole de coach

Liste des critères masculins pour les liaisons brèves : séduisante, joli corps, belle poitrine, belles fesses et, en dernier… personnalité, humour.

Lui pas comprendre ELLE !

Les femmes parlent le « sous-entendu », une langue mystérieuse et quasi intraduisible. Pauvre Adam, qui cherche à les analyser ! Même avec une boussole et décodeur, la femme est incompréhensible. Elle fait la gueule lorsqu'elle est déçue, elle pleure lorsqu'elle est heureuse, elle fait la moue lorsqu'elle est jalouse, elle dit le contraire pour obtenir ce qu'elle souhaite. Elle met des points de suspension à la fin de chacune de ses phrases... Et l'on s'étonne qu'aucun homme ne puisse la comprendre et traduire sa langue, pour la satisfaire en tous points. Cela ne facilite pas la tâche de ce pauvre homme qui essaie de la draguer...

QU'EST-CE QUE LA LANGUE DES SOUS-ENTENDUS ?

Dans cette langue, le « non » veut dire « oui », le « oui » peut vouloir dire « non », le « oui » peut aussi signifier « peut-être », les questions peuvent être des affirmations, les réponses, des questions. Clair, non ?
Il nous faudrait créer des stages de traduction, pensez-vous ? Pas la peine ! L'*homo reptilus* est strictement incapable de chercher le sens caché des mots ou des phrases féminines.

Parole de femme

Si un homme ouvre la portière de sa voiture à sa femme, on peut être sûr d'une chose : ou bien c'est la voiture qui est neuve, ou bien c'est la femme.

Premièrement, il n'a pas le temps.
Deuxièmement, il s'en fout.
Troisièmement, il est binaire, donc ne cherche pas à complexifier ce qui lui paraît déjà complexe.
Dans sa langue, « j'ai faim » veut dire « j'ai faim ». Point barre.
Dans la langue de la femme, « j'ai froid » sous-entend « tu pourrais peut-être faire un feu de cheminée, ou me passer ton pull, ou me faire un câlin pour me réchauffer, ou me faire une bouillotte, j'irais mieux… »

L'HOMME N'AIME PAS PARLER, EXPLIQUER, DISSÉQUER

Indépendamment du fait qu'on ne parle pas la même langue, il y a un autre problème de taille : l'homme parle lorsqu'il juge que c'est vraiment nécessaire ou utile. Le reste du temps, il n'en éprouve pas le besoin. Pour lui, parler signifie obtenir quelque chose : un renseignement, un avis, préciser un point. Si la femme veut faire fuir un homme, autant lui dire : « Il faut que l'on se parle. » Il tentera à coup sûr de reporter ce moment, de prendre la tangente ou d'avoir une conversation la plus courte et la plus brève possible.

IL A MOINS DE FACILITÉ POUR FAIRE DES MÉTAPHORES

Aborder une conversation avec la gent féminine est donc une aventure périlleuse, voire risquée, où l'homme est quasiment sûr de ne pas avoir les arguments nécessaires, le débit adéquat ou même l'esprit assez clair.
Lui fait des phrases courtes, comprend les choses de manière systémique et logique. Tout ce qui est confus, illogique ou sans raison apparente prouvée, n'a aucun sens. D'ailleurs, il s'interroge sans cesse sur l'obsession féminine à vouloir toujours parler, commenter, discourir, comprendre, interpréter, faire des métaphores.
Cela le met hors de lui : « Quelle perte de temps, pense-t-il ! Cherche-t-elle à me compliquer la vie ? Pourquoi ne sait-elle pas faire les choses simplement et, surtout, ne pas complexifier ? »

LA FEMME EST BAVARDE DE NATURE (EN TOUT CAS BIEN PLUS QUE L'HOMME)

Elle passe beaucoup de son temps à exprimer ses sensations, ses sentiments, ses exaspérations. Bref, elle devient vite, pour un homme, exténuante, harassante, voire soûlante. Les hommes pensant tout bas : « Mais tais-toi donc, tu me vrilles le crâne » sont nombreux.
Elle est tordue dans sa manière d'aborder les sujets, ne dit

pas clairement ce qu'elle ressent (elle passera en permanence par des chemins de traverse).
Elle exprime ses ressentiments par des bouderies sans fin ou des silences noirs.
Et vous vous demandez encore pourquoi il y a tant de malentendus ?
Oui, il a mal entendu ses sous-entendus !
Si la femme veut une explication claire sur un sujet précis, qu'elle fasse des phrases courtes, concrètes, concises, pour aller droit au but. Elle obtiendra alors les réponses souhaitées et la communication sera fluide.

LA FEMME NE DOIT PAS ÉVOQUER SES ÉTATS D'ÂME AU TÉLÉPHONE

Il déteste cela !
Premièrement, il ne voit pas la femme (alors qu'ils sont visuels).
Deuxièmement, il ne voit aucun intérêt à papoter des heures sachant qu'il va la voir dans la soirée.
Troisièmement, il ne peut pas faire deux choses à la fois.

Parole de coach

Les hommes privilégient le look plutôt que la cervelle, parce que pour la plupart d'entre eux, ils voient mieux qu'ils ne pensent !

Cela lui demande un effort ultime de concentration qui l'épuise. Au final, si elle a ouvert un « grand » sujet de conversation et qu'il a obtempéré, il finira par en vouloir à sa compagne. Elle lui aura mangé du temps, l'aura seriné et empêché de faire ce qu'il avait à faire ou ce qu'il avait prévu de faire.

Il faut donc bien choisir le moment de la conversation. Surtout pas après l'amour, moment pendant lequel son cerveau touche au coma (ne rêvant que d'une chose : DORMIR).
Ni après un match perdu par son équipe favorite, phase au cours de laquelle l'*homo reptilus* est biologiquement littéralement hors de lui.
Pas de grande conversation non plus dans l'habitacle de la voiture. La voiture est réellement le prolongement du pénis d'un homme et un véritable vecteur de sa virilité. Si la femme lui fait des reproches dans ce lieu, il est capable de péter totalement les plombs et de lui hurler dessus.
Le seul moment réellement adapté est lorsque son hormone d'attachement monte, pendant sa phase de désir.
Il fera alors tout pour tenter de comprendre sa compagne et surtout de la satisfaire (même s'il ment). De son côté, elle aura l'impression d'être le centre de toutes ses attentions et, au final, tout le monde sera ravi.

Parole d'auteur

« Un homme peut aimer de tout son être une femme, et faire l'amour avec une autre. »
Gilles Archambault (*Une suprême discrétion*, 1963)

3.

Les 10 désaccords gourdanesques

IL MATE, *elle écoute*

C'est la base de la base. Pour « pécho » un homme, il faut répondre à certains critères visuels et esthétiques capitaux. Alors qu'à l'inverse, pour attraper la femme, l'homme devra répondre à un critère : savoir bien parler.

L'HOMME EST VISUEL ET NE PAS LE PRENDRE EN COMPTE, C'EST, À COUP SÛR, FINIR CÉLIBATAIRE

Bien sûr, il existe des stéréotypes qui font flasher les hommes : une femme peu maquillée, fraîche (comme ils disent), les cheveux plutôt longs, naturels (pas de décoloration ou de balayage), les ongles naturels, les mains soignées, les dents blanches, de jolies jambes, un rapport taille-hanches harmonieux (il imaginera immédiatement placer ses mains dans le creux de la taille ou bien il pourra admirer les hanches onduler), de jolis seins galbés (pas forcément gros, mais tout de même présents) et des fesses hautes.

Parole de coach

Les femmes ayant une excellente mémoire grâce aux œstrogènes, elles se souviennent très bien de leurs mensonges. Les hommes, non.

Si une femme ne dispose pas de tout cet attirail, mais qu'elle sait se mettre en valeur, qu'elle a une garde-robe qui lui va (nombre de femmes ne savent pas quoi mettre en valeur ou quel look leur correspond le mieux), qu'elle se sent bien dans son corps (qu'importe le poids) et qu'elle est féminine et soignée, elle attirera tout autant le regard des hommes.
Les femmes « voient » mais ne s'attardent pas sur les détails, alors que l'homme ne fait que cela. Elles sont surtout sensibles à ce qui leur est dit, ou plutôt à ce que l'homme leur dit.

LES FEMMES SE FICHENT DE L'APPARENCE PHYSIQUE

Elles ne se fixeront pas sur les bourrelets d'un homme, mais se pencheront sur le charme de son intelligence, sur son charisme et sur son énergie.
C'est injuste, on est bien d'accord : les hommes peuvent être moches, vieux, ridés comme de vieilles pommes, flasques, gros, mous, chauves, ils auront néanmoins toutes leurs chances du moment qu'ils manient bien la langue, la dialestique.Les femmes négligées, aucune.

IL DÉSIRE, *elle s'attache*

Le désir, ce n'est pas du sentiment ni de l'amour ! Quand une femme rencontre un homme, elle saute de joie et dit à son amie : « Tu as vu, je crois qu'il est en train de tomber amoureux de moi ! » Aïe... FATALE erreur !

IL A ENVIE D'ELLE

Quand il rencontre une femme, l'homme n'a encore aucun sentiment à son égard, même s'il lui sourit en permanence, qu'il paraît jubiler de l'avoir à ses côtés. Il a juste envie de lui faire l'amour, de la culbuter, de la voir nue, de se faire faire une fellation, de satisfaire sa crampe.
Pour le moment, elle le fait juste BANDER. Rien n'est gagné.
Malheur à elle si elle cède le premier soir et qu'elle s'abandonne physiquement, lui offrant ainsi toute sa panoplie sexuelle. L'homme la prendra au final et inconsciemment pour une belle salope et pas du tout pour une femme libérée (à la différence de ce qu'elle pense !). Il aura passé un bon moment et la rappellera à l'occasion, lorsqu'il aura les *cojones* trop lourdes et le sexe qui bande dur.

Parole d'auteur

« Il faut juger l'amour d'une femme avant qu'elle n'y cède, et l'amour d'un homme après qu'elle y a cédé. »
Jean-Napoléon Vernier (Fables, pensées et poésies, 1865)

COMMENT RECONNAÎTRE UN HOMME QUI A RÉELLEMENT EU UN COUP DE FOUDRE (OUI, ÇA ARRIVE !) ?

Eh bien, au contraire, il prendra un temps fou à conquérir la femme, il lui fera une cour assidue, car il la respectera trop pour vouloir la sauter le soir même.

Pour faire le tri entre tous ces hommes en quête de relations sexuelles, ou de sexe hard, il faut faire attendre celui qui nous regarde avec envie. S'il tient le coup d'une attente digne de ce nom, alors, oui, il a véritablement eu un coup de cœur. Néanmoins, cela ne veut pas dire qu'il soit encore vraiment amoureux. Il faut en effet trois à cinq fois plus de temps à un homme qu'à une femme pour avoir la sensation de tomber amoureux.

LA FEMME NE SAIT QU'AIMER…

À la différence de l'homme, la femme ne bande pas visuellement. Certes, elle bande du clitoris ou des tétons (les hommes oublient souvent ces endroits, véritables baromètres du désir de la femme), mais elle ne veut pas s'envoyer en l'air dès qu'elle aperçoit un homme « pas mal foutu ». Lorsqu'elle entreprend visuellement un homme, elle s'imagine plutôt dans ses bras, câlinée, embrassée dans le cou, enlacée.
Elle imagine cet homme charmant lui caresser les cheveux, le visage, les mains, les hanches. Elle pense aux choses « plus sérieuses » bien après.

Voici donc la magistrale différence entre les hommes et les femmes !
Elles aiment en premier, puis se mettent à désirer ardemment l'homme qu'elles aiment.
Elles sont dans l'attachement quasi instantanément (lorsqu'elles flashent pour un homme) et, la plupart du temps, voire inévitablement, tout de suite après avoir fait l'amour ou s'être fait sauter (elles ne voient fréquemment pas la différence, malheureusement).

Parole de coach

74 % des hommes utilisent l'agressivité verbale ou physique pour résoudre un problème, tandis que 78 % des femmes tentent de négocier, concilier, ou fuient.

UNE QUESTION D'HORMONE

L'hormone de l'attachement (l'ocytocine) de la femme agit très rapidement et augmente après le premier rapport sexuel. L'homme en revanche voit son taux d'ocytocine littéralement s'effondrer après l'orgasme, d'où sa difficulté à enlacer longuement à ce moment-là et à continuer de parler ou de susurrer des mots tendres à l'oreille de la femme. Il en est incapable. C'est BIOLOGIQUE.

Un conseil : avant de vous jeter dans les bras d'un homme, et vu que vous connaissez désormais votre propension à l'attachement et donc à tomber amoureuse, préservez-vous des éventuels prédateurs (ils sont nombreux) et donnez-vous physiquement tardivement (après la cinquième rencontre, pas avant, *please* !). Une fois que vous aurez couché avec lui, vous serez « cuite ». Vous serez attachée à lui comme la moule à son rocher, alors qu'il se sentira encore libre comme l'air et pas encore amoureux.

Elle parle le sous-entendu, IL CAPTE LE 1ER DEGRÉ

Si une femme désire ou souhaite que les hommes ressentent ce qui se joue au fond d'elle, ce qui la fait potentiellement souffrir, ce qu'elle aime vraiment, elle se dirige tout droit vers une voie sans issue, une impasse sévère.

L'HOMME NE SENT RIEN, N'IMAGINE RIEN ET N'A QUASIMENT AUCUN LIEN AVEC SON INTUITION

Il ne s'en plaint pas. C'est ainsi.
La femme, en revanche, perçoit tout, ressent tout, interprète tout, et il faut dire qu'elle ne se trompe quasiment jamais.
Il ne faut pas s'amuser à lui dire : « Oui, mais moi, ce que je ressens de toi, c'est ça ou ça. » Il enverrait sa compagne sur les roses.
Lorsque la femme boude, par exemple, l'homme n'a parfois aucune idée de ce qui se passe, sauf s'il l'a trompée la veille (là, effectivement, son intuition fonctionne). Pour le reste, si elle garde des ressentiments pour telle ou telle raison plus ancienne et non explicitée clairement avec lui, il n'aura aucun moyen de le comprendre.

Parole de coach

Par nature, l'immense majorité des hommes
est méfiante voire soupçonneuse.
L'homme a donc l'esprit de compétition, il se contrôle,
est souvent sur la défensive, est un solitaire
qui cache son état émotionnel pour continuer
à contrôler chaque situation.

En clair, à part quelques très rares exceptions, les hommes ne possèdent pas de sixième sens. Ils n'en souffrent pas pour autant, préférant être cartésiens.

Pour un homme, les choses se présentent en effet ainsi : un problème = une solution. Il n'a pas à deviner profondément ce qui se joue chez son partenaire ou adversaire. Il est démuni de cette faculté et fait avec sans souci. La femme, elle, passera son homme au crible, décortiquera ses moindres paroles, et confortera son intuition en demandant à ses copines ou amies quelles sont les leurs. C'est donc sur la base de discussions « hypothétiques » que seront portés ses jugements. Les femmes sont d'ailleurs très douées lorsqu'il s'agit de leurs amies proches ! Dommage qu'elles soient souvent aveuglées par leur affect lorsqu'il s'agit de leur propre histoire ! Dans ce cas, leur intuition est bien présente, mais elles la balaient d'un revers de main si elle ne correspond pas à leurs attentes, leurs rêves ou leurs fantasmes d'absolu.

Parole d'homme

– Ne sois pas qu'une princesse fragile, je préfère les femmes qui ont, elles aussi, une vie passionnante.
– OK, ça ne me dérange pas que tu fasses des pizzas surgelées, mais sache que si tu cuisines comme ma mère, je t'épouse direct.
– Tu peux roter, péter (et encore, pas au début), mais s'il y a une chose sur laquelle tu n'as pas le droit à l'erreur, c'est bien au niveau de ton hygiène intime.
– Sois positive ! Une fille qui passe son temps à faire la gueule, c'est comme si on se traînait un petit nuage noir au-dessus de la tête.
– Continue à me séduire ! TOUT LE TEMPS. Il faut que je bande !
– Ose me dire « non » !
– Ne me pose pas la question : « Est-ce que tu m'aimes ? »

LA FEMME DEMANDE TRÈS VITE : « QUELLE EST LA NATURE DE TES SENTIMENTS ? »

Pour un homme, le rideau tombe et ses bras aussi.
En effet, un homme ne sait absolument pas reconnaître et faire le tri, dans les premiers temps, entre son désir et un quelconque sentiment. Soit c'est évident, soit ça n'existe pas. Il se rend compte, bien sûr, qu'il se passe quelque chose. S'il réfléchit bien, il se sent bien avec cette femme, aime passer du temps auprès d'elle, mais, à la différence de la gent féminine, ne sait pas du tout analyser ou percevoir intuitivement, dans cette première phase, la nature de ses sentiments.
Est-ce de l'amitié amoureuse, seulement du désir, de l'amour naissant ? Il n'a toujours pas d'intuition... Il lui faut du temps.

ELLE, C'EST LE NON-DIT, *lui, c'est tout est dit*

La femme est pleine de paradoxes. On le sait. Elle peut vouloir tout aujourd'hui, et rien ou son contraire le lendemain. Pour ajouter à la liste de ses complexités, elle est pleine de non-dits.

QU'EST-CE QU'UN NON-DIT FÉMININ DANS LE CADRE D'UNE RELATION HOMME-FEMME ?

Une attente.
Les femmes souhaiteraient, par leurs non-dits, que l'homme devine ce qui se trame derrière leurs silences éloquents. Hélas, il fonctionne de manière simple et efficace. Et ce qui n'est pas dit, énoncé, verbalisé, n'existe pas.

Parole de coach

Le discours indirect permet d'établir de bons rapports entre les femmes, mais, la plupart du temps, ce discours ne fonctionne pas avec les hommes, car ils n'en comprennent pas les mécanismes et les règles.

LA GOURDE EMPLOIE LES NON-DITS POUR TENTER D'OBTENIR CE QU'ELLE SOUHAITE EN SECRET

Et, bien entendu, cela ne fonctionne jamais, Adam étant incapable de creuser son silence, voire de l'interpréter. Il pensera plutôt : « Elle a besoin de calme, elle a besoin de repos, elle n'a pas envie de parler, je la laisse tranquille… »

LE NOMBRE DE COUPLES QUI SE CASSENT LA FIGURE À CAUSE OU GRÂCE À CES NON-DITS FÉMININS EST IMPRESSIONNANT

Avec la langue du « sous-entendu » et le « non-dit », les femmes vont droit dans le mur, car l'homme ne comprend rien à ces subtilités.
Même avec tout l'amour du monde, et trouvant déjà les femmes bien trop compliquées, il est impossible pour lui de sonder leurs « non-dits ». D'une part parce qu'il ne les questionne pas sur leurs silences, leurs lapsus ou leurs actes manqués, d'autre part parce qu'il ne remarque même pas que les femmes laissent des points de suspension à la fin des phrases, des blancs fracassants, ou qu'elles changent bizarrement d'attitude.
Une fois que l'on a compris cette règle essentielle, pas la peine de tenter de faire passer des messages subliminaux à Adam.

ELLE FAIT L'ACTRICE, *il ne sait pas jouer*

La femme exagère ses sentiments et ses états d'âme pour se faire comprendre d'Adam. Dans la mesure où le vocabulaire manque parfois à l'homme, elle peut avoir la sensation que les mots ne suffisent pas.

ELLE PREND DE LA LIBERTÉ AVEC LES MOTS ET N'A PAS PEUR D'EXAGÉRER POUR AJOUTER DE L'EFFET À SES PROPOS

Reste que les hommes prennent chacun des mots des femmes au pied de la lettre et réagissent au quart de tour. Non pas en répondant, mais en fuyant, en niant ou en banalisant. Et les femmes d'en rajouter point de vue effet, car, rendues dingues par la non-réaction fréquente d'Adam, il n'y a pas d'autre choix que d'en faire des caisses et de théâtraliser les choses.

QUE SIGNIFIE EXAGÉRER ?

Les femmes poussent leurs mots et leurs réactions au maximum. Cela peut même aller jusqu'à des cris, des hurlements, des insultes, du chantage, des crises de larmes.

Elle s'accroche au sens premier des mots, IL EST BRUT DE FONDERIE

La femme est très douée dans la dialectique, le raffinement et l'élaboration du mot juste. Elle peut d'ailleurs tomber raide amoureuse d'un homme qui emploie les mots qui la bouleversent.

L'HOMME A UN DÉFICIT DE RÉPARTIE

Il répond aux questions des femmes avec les premiers mots qui lui viennent à la bouche. Il n'attache guère d'importance à cette subtilité dans le domaine privé. Les femmes peuvent donc s'effondrer si l'homme a employé tel ou tel mot disgracieux, et cela peut dégénérer en scène. Mais il n'y est pour rien.

L'HOMME NE COMPREND PAS LES RÉACTIONS DES FEMMES ET LEUR REPROCHE D'ÊTRE CHIANTES

Autant se le graver à tout jamais dans le cerveau, les hommes n'interprètent pas le monde comme nous et les mots qu'ils emploient sont autres. À nous de le comprendre, afin d'éviter des conflits permanents et finalement épuisants pour tous.

Parole de coach

Les hommes exagèrent les faits tandis que les femmes exagèrent les émotions et les sentiments.

ELLE MANIPULE, *il capitule*

Oui, la femme, à l'inverse de l'homme, sait parfaitement jouer la comédie, simuler, dissimuler... Heureusement qu'elle est dotée de cette force qui lui permet de déjouer les attaques des hommes.

LA FEMME SAIT JOUER SUR TOUS LES TABLEAUX

Faire l'enfant le matin, la marâtre à midi, l'ingénue au goûter, la mère au souper et la maîtresse au lit. Telle est sa qualité. Aucun homme n'emploie ces stratagèmes. D'ailleurs, il n'y pense même pas. Exception faite d'une seule catégorie : le pervers narcissique (heureusement rare).
Face à tant de subtilité, l'homme finit par se laisser mener par le bout du nez.

Parole d'homme

Pour les femmes, parler fait du bien à tout le monde. Pour les hommes, parler, c'est envenimer les problèmes.

ELLE TENTE DE TOUT EXPLIQUER, *il se fout de comprendre*

La femme ne peut s'empêcher de décortiquer chaque phrase, chaque mot, et d'aller chercher le sens caché des choses.

POUR ELLE, IL Y A TOUJOURS QUELQUE CHOSE À TROUVER

Elle est un véritable GPS de l'introspection. Lui se fout totalement de ce qui peut être caché. Il ne s'intéresse qu'à ce qui est montré et dit clairement. Une étude récente révélait que le reproche le plus fréquent des hommes à l'égard des femmes était leur tendance à vouloir tout analyser, commenter, dépiauter. Les hommes y voient une perte de temps et, surtout, une prise de tête permanente. Ce qu'il redoute le plus !

IL AIME LES FILLES QUI PARAISSENT SIMPLES (UN PEU GOURDES TOUT DE MÊME)

Il déteste celles qui se mettent à penser... encore plus ! Déjà qu'une gourde pense trop, alors faudrait pas en rajouter !

Elle interprète tout, IL N'IMAGINE RIEN

« Si tu as dit ça, ça veut dire… que tu ne m'aimes pas », et c'est parti pour un tour de manège !

LA FEMME SE FAIT UN FILM
À PARTIR D'UN PETIT RIEN
ET CONSTRUIT UN VRAI SCÉNARIO

Ce qui rend évidemment dingue son mec, qui la prend pour une demi-folle ! « Qu'est-ce que tu vas chercher ? », « Mais non, tu délires », répond-il. Oui, en effet, la femme s'imagine ce qui n'est pas forcément et, du coup, se torture.

L'HOMME EST TELLEMENT PLUS SIMPLE…

Il ne dit que ce qu'il pense. S'il ne ressent rien, il ne dit rien.

Parole de coach

Une femme ment pour protéger l'autre.
Un homme ment pour se protéger.

IL AGIT,
elle parle

L'homme considère que ses actes parlent bien mieux de lui, ce sont eux qui révèlent « son amour ».

DES DÉTAILS QUI COMPTENT

Reboucher l'évier, aller garer la voiture, faire les courses, descendre la poubelle, aller faire jouer les enfants au parc, cuisiner de bons petits plats, tels sont les « je t'aime » de l'homme.

Oui, parfois, il se laisse aller à le dire avec des mots, mais attention alors au contexte, car les « je t'aime » dits à haute voix n'ont pas tous la même valeur.

SI L' HOMME NE DIT « JE T'AIME » QU'AVANT D'ALLER AU LIT, MÉFIANCE !

C'est une forme de manipulation. L'homme ayant un peu appris (à force), il sait que ces mots font fondre sa dulcinée et qu'elle sera prête à se laisser aller.

Parole de coach

Les hormones mâles, en particulier la testostérone, sont des hormones d'agression qui poussent, et ce depuis la nuit des temps, à chasser, à se reproduire et à tuer des proies.Lorsque cette testostérone baisse (entre 50 et 60 ans), le niveau d'agressivité des hommes baisse, et le reste aussi. Ils deviennnent tendres et plus subtils.

Il ne faut pas non plus considérer le «je t'aime» d'après l'amour comme un vrai de vrai, car il signifie : « J'ai bien éjaculé grâce à toi, qu'est-ce que je suis bien, merci . »
Au milieu des ébats, il veut dire : «J'aime te faire l'amour, je te remercie de t'offrir à moi.»

LE VRAI « JE T'AIME » QUI PÈSE LOURD, C'EST LE « JE T'AIME » HORS DU LIT

Celui-ci est énorme, sincère et véridique. L'homme laisse tomber les actions pour les mots, c'est un pas de géant !
Il déborde alors de vérité. L'homme est VRAIMENT *in love* !
Pour autant, vous n'avez pas à lui demander ce fameux mot d'amour, il doit vous le dire naturellement et spontanément, sinon il n'a aucune valeur.

AU PAYS DE LA PRATIQUE,
TOUS LES COUPS
SONT PERMIS : AÏE !

1.

Attention ! Impact dans quelques minutes

À table ! ACTE 1

Voilà, maintenant que nous avons fait le tour de la théorie, il est temps de passer à la pratique ! Parce que, finalement, c'est bien en forgeant qu'on devient forgeron ! Donc, ça y est, le grand jour est arrivé : la gourde a rendez-vous avec le mâle. Tout va se jouer en quelques heures… Le temps de l'observation sera court. Et déterminant. À la différence des adorables femmes, l'homme ne pose pas cent mille questions. Il se contente d'analyser ce qu'il voit. Ni plus, ni moins. Il faut donc que la femme soit attentive à ce qu'elle fait ! Voici les règles à suivre pour que tout se passe au mieux…

SE PRÉPARER AVEC SOIN

La première chose qui, potentiellement, plaît à un homme, c'est que la fille s'aime. Qu'elle soit ronde, très ronde, grosse, maigre, mince, elle doit s'accepter comme elle est. Ne pas jouer la fille qui fait genre « Je suis bien dans ma peau », mais l'être vraiment. Rien de pire qu'une fille qui a l'air de se cacher et qui, c'est sûr, « fait l'amour dans le noir ».

La gourde doit choisir des tenues qui la flattent et la mettent en valeur : si elle a de belles jambes, une jupe pour les montrer ; si elle a de jolies épaules, un haut qui les expose ; si elle a une belle poitrine, une chemise qui la montre subtilement, (pas de décolleté digne de la rue Saint-Denis), etc. Elle peut même aller voir un relookeur si elle est paumée ou faire ses courses avec une bonne amie, qui saura la conseiller.

Il y a tout de même des tendances marquantes chez les hommes : les robes et les jupes les renversent, sans parler des bas ou collants fumés avec de jolies chaussures fines un peu hautes. En revanche, ils n'aiment pas trop les couleurs criardes (bleu turquoise, rouge ou orange vif, rose fuchsia), alors place aux basiques, pour être certaine de taper dans le mille.

Parole d'homme

La femme est comme le globe terrestre...
Entre 15 et 25 ans, elle est comme l'Afrique : chaude, à moitié vierge et à moitié inexplorée.
Entre 25 et 35 ans, elle est comme l'Asie : exotique et mystérieuse.
Entre 35 et 45 ans, elle est comme l'Amérique : déjà bien connue, mais encore belle et pleine de ressources.
Entre 45 et 55 ans, elle est comme l'Europe : traversée de long en large et fatiguée, mais on peut encore trouver des endroits intéressants.
Entre 55 et 65 ans, elle est comme l'Australie : tout le monde sait où elle se trouve, mais personne ne pense réellement à y aller.

BIEN CHOISIR LE LIEU DU RENDEZ-VOUS

La première des règles est de choisir un lieu où l'éclairage embellit. Les brasseries et les restaurants chinois éclairés aux néons sont donc à fuir ! Ça vous marque n'importe qui, ça enfonce les cernes et ça donne un air sinistre.
Si l'homme n'a pas d'idée, la gourde peut lui dire : « Écoute, j'ai un rendez-vous dans ce quartier, si ça ne t'ennuie pas on se retrouve dans tel café ou tel restau », lieu qu'elle connaît, qui est bien intime et a des lumières tamisées. Néanmoins, elle doit lui donner l'adresse pour que ce soit lui qui réserve à son nom (= il paiera l'addition).
Attention également à ne pas arriver à l'heure ! Une femme doit se faire un peu attendre. Prévoir au moins un quart d'heure de retard et trouver une bonne excuse (problème de parking, réunion tardive… elle trouvera bien).

LE LAISSER PASSER LA COMMANDE

On voit souvent des femmes qui s'occupent de ce genre de choses, voulant ainsi prouver leur autonomie. Les hommes y voient souvent (même si c'est faux) une femme castratrice qui les ennuiera ou, pire, les commandera à tout bout de champ. La femme doit donc laisser l'homme appeler le serveur et lui demander ce qu'elle a choisi pour lui transmettre l'info. *Idem* pour les vins. Imaginez une femme dire : « Ah, non laisse-moi choisir le vin, j'adoooore ça ! » L'homme se dira : « Celle-là, elle va finir alcoolique ou sa mère l'est déjà ! »

NE PAS COMMANDER DES PLATS IMPROBABLES À MANGER

Du type salade avec laquelle on se retrouve la bouche luisante et le rouge à lèvres qui coule sur les côtés. La femme doit déguster son plat lentement (prévoir d'avaler un œuf dur avant d'aller dîner, ainsi elle aura l'appétit coupé) en faisant un peu la mijaurée, pas celle qui minaude, mais celle qui apprécie chaque bouchée.
Un homme adore une femme avec un appétit d'oiseau : « C'est sûr, elle va rester comme ça physiquement », pense-t-il ou encore : « Comme c'est mignon, je vais m'occuper de la nourrir ! »

AVOIR DE BONNES MANIÈRES

Les hommes, en général, aiment cela. Pas de bouche ouverte, donc, les mains sur la table, les couverts tenus délicatement, la serviette posée sur les genoux et la bouche que l'on essuie délicatement au coin des lèvres. Si l'on peut éviter le pain, c'est mieux (difficile à mâcher et quelque peu disgracieux). La femme doit prendre son temps, l'homme ne doit pas remarquer qu'elle mange. Il va de soi qu'il ne faut pas choisir des plats trop parfumés ou odorants (à fuir : l'ail, l'échalote, l'oignon).

Parole de coach

Les hommes veulent du pouvoir, de la réussite, du sexe. Les femmes veulent des relations, de l'amour, de la stabilité.

Pour le dessert, comme c'est lui qui va avoir la « chance » de régler l'addition, pas la peine d'en prendre un sauf s'il insiste parce que lui en a envie. Enfin, il faut éviter de terminer par un café (une infusion, c'est mieux) : étant acide, il donnera un mauvais goût à la bouche et laissera une fine trace marron sur la dentition.

NE PAS BOIRE COMME UN TROU

Ou sortir toutes les dix minutes pour fumer une clope. « Cette fille est complètement *addict*, ça va puer la clope chez moi et puis, l'embrasser, avec ce goût de nicotine, beurk ! » va-t-il penser automatiquement.

LE LAISSER OUVRIR LA DISCUSSION

Et, surtout, l'écouter. Moins la femme parle d'elle, mieux ce sera ; c'est à lui de poser des questions (au moins, cela prouve qu'il s'intéresse vraiment à elle et pas seulement à ses fesses).

Parole de coach

Le stress, voire l'angoisse du premier dîner peut fausser les indices. Un deuxième dîner vous donnera clairement la tendance. Si vous ne mangez rienni l'un ni l'autre, alors vous êtes déjà en plein coup de foudre, indice majeur des grands amoureux !

L'OBSERVER LORSQU'IL MANGE

De nombreux chercheurs confirment le lien entre la bouche, la faim, le désir et la sexualité. Les pulsions alimentaires sont équivalentes, du point de vue du processus et du fonctionnement, aux pulsions sexuelles. Il est donc facile pour une femme de « repérer » qui est en face d'elle et ce qui l'attend sur le matelas.

Il choisit un plat épicé
Celui qui cherche du piment dans son assiette tentera moult péripéties pour rompre son ennui. Avec lui, peu de monotonie à craindre niveau sexualité.

Il prend un plat traditionnel
Cet homme sera plutôt ritualiste (toujours les mêmes positions, le même déroulé de l'histoire sexuelle) et ne fera pas forcément grimper sa compagne aux rideaux.

Il prend une entrée raffinée
Bonne pioche, il aimera effeuiller, désirer, prendre son temps… Il salivera bien avant d'enfourcher sa femme. Il saura la faire mijoter.

Il est tatillon
Pas trop de sel, pas trop de gras, pas trop de sucre… Avec cet homme, il ne faut pas s'attendre à vivre des aventures extraordinaires, il sera comme le choix de ses plats : « pas trop », donc pas top ! Voilà un homme routinier, casanier, un peu

Parole d'homme

Ce que les hommes veulent vraiment :
du sexe, des services basiques (bouffe, maison propre, soins, etc.), qu'on les laisse tranquilles le plus souvent possible.

craintif sur sa bandaison. Il préférera se cantonner à ce qu'il a déjà expérimenté et donc à ce qu'il connaît.

Il engouffre les aliments
Cet homme s'exécutera de la sorte au lit. Pas de demi-mesure. Droit au but. D'ailleurs, ce genre de personne fait tout le reste aussi vite : parler, marcher, conduire… et faire l'amour, donc. Savez-vous que 80 % des éjaculateurs précoces mangent aussi à la vitesse de l'éclair ?

Il est méticuleux
Il ne mélange pas les saveurs et les textures, il mange les féculents puis la viande, il prend le temps de décortiquer le poisson, de couper finement en petits morceaux délicats… Cet homme doit être un bon amant ! Il fera de même avec la femme, prenant le temps de découvrir avec soin et délectation chaque partie de son corps et de son plaisir.

Il ne sait pas quoi choisir
Celui qui regrette son choix et qui, finalement, ne mange presque pas, n'est pas une bonne pioche. Avec lui, place au grand doute, il faudra sans cesse l'émoustiller pour remettre

le moteur en marche et encore, ce n'est pas certain que cela fonctionne. C'est un insatisfait chronique !

Il prend un dessert

Les hommes ne sont souvent pas des palais sucrés. On peut imaginer que celui qui prend un dessert est encore un peu fils à maman et qu'il n'a jamais vraiment coupé le cordon ombilical. Il aimera goûter la poitrine de sa partenaire, qu'il préfère d'ordinaire bien plantureuse. Il pourra aussi avoir tendance à la materner ou à se faire materner.

NE PAS LUI FAIRE DE CONFIDENCES

Les hommes détestent les femmes qui se répandent sur leur intimité. Ou qui se plaignent ou râlent ou geignent. Donc pas de conversations autour de ce con de boss, d'anciennes maladies ou de problèmes de santé, d'allergies, de parents pour lesquels on s'inquiète, d'amis en galère, de problèmes de fric, d'animaux qui prennent tout le temps, de grand-mère malade, de problèmes de voisinage, etc.

Il faut survoler chaque thème et montrer que tout va bien dans le meilleur des mondes (laissons-le rêver un peu). De toute façon, moins la femme évoque des sujets intimes, mieux ce sera. Le pire, à éviter ABSOLUMENT : la liste des anciennes conquêtes et les longues histoires avec ses ex. Il s'en fout et n'a pas envie de savoir qu'il se trouve être le matricule n° 1250.

Parole de femme

Les femmes quittent les hommes,
non pas parce qu'elles ne sont pas heureuses
de ce qu'ils peuvent leur apporter, mais parce qu'elles
sont émotionnellement insatisfaites.

La femme ne doit pas non plus l'interroger (« Elle m'emmerde déjà avec ça, elle doit être du genre à checker mon téléphone ou mes mails »). Elle doit se ficher de son passé, point barre. S'il demande des détails sur son CV amoureux, elle doit répondre qu'elle n'a pas envie de parler du passé, que ça ne l'intéresse pas. Il sera bluffé.

De la même façon, il faut éviter de montrer toute sa vie sur son téléphone : « Ah ! Regarde ! Ça, c'est mon chien, mes parents, mes copines, ça, c'étaient mes vacances en Turquie… » Quel manque de mystère, pourtant si important pour l'homme. Il a alors l'horrible sensation d'une femme qui ne garde pas ses distances. Si lui le fait, 1/ il est *addict* à son tél, 2/ il n'a rien à dire, 3/ il est égocentrique et 4/ il s'ennuie.

ATTENTION AU TÉLÉPHONE POSÉ SUR LA TABLE

Et le mettre en silencieux. Quoi de plus désagréable qu'un homme qui joue avec son téléphone, ou, pire, répond à une conversation devant une femme, ou, maître des goujats, envoie des textos et en lit en sa présence. S'il s'amuse à faire ces quatre choses, la femme peut se dire que ce n'est pas et ce ne sera jamais l'homme de sa vie. Et la réciproque est vraie…

NE PAS LE FIXER DANS LES YEUX EN PERMANENCE

La femme doit éviter de faire sentir à l'homme que, ça y est, elle est conquise et qu'il n'a plus rien à faire pour la conquérir. Cette attitude casse tous ses rêves ! Il ne faut jamais oublier que l'homme a besoin de chasser et que sa chasse doit être ardue, sinon, quelle jouissance en tirerait-il ?
Elle ne doit pas non plus sourire bêtement et en permanence à tous ses propos. Pour le déstabiliser, elle peut même bâiller (pas plus d'une fois, sinon il penserait qu'elle s'ennuie et perdrait tous ses moyens) en s'excusant (elle a peu dormi la veille à cause d'un dossier au boulot… et pas « J'ai eu une sacrée insomnie ! » Sinon, il pensera : « Au secours, elle prend des médicaments, celle-là, ou elle va m'ennuyer toute la nuit en me demandant si je dors ! »).

ÉCOUTER SES COMPLIMENTS

S'il n'en fait pas, il y a de quoi s'inquiéter… Il sait très bien qu'il doit montrer à sa partenaire combien elle lui fait de l'effet par son charme, son intelligence, ses propos, sa sensualité, sa douceur, sa beauté... En revanche, la femme ne doit lui en faire en aucune façon ! Les hommes se sentent sinon très mal à l'aise et ont l'impression désagréable qu'ils n'ont plus à rien à faire, que la conquête est finie. Les compliments féminins court-circuiteront son jeu de séduction... Donc, au tout début, silence absolu !

LE LAISSER PAYER L'ADDITION

L'homme le sait parfaitement : il fait la cour, c'est donc à lui de payer la note. À ce geste simple et cette attention, la femme pourra en déduire quels sont ses sentiments à son égard. S'il ne paye pas, c'est qu'il se fout d'elle comme de l'an 40 et que c'est un goujat ! S'il lui demande de partager, il n'est pas vraiment fou d'elle, ni même épris, il a juste envie de la mettre dans son lit Elle peut alors répondre naïvement : « Ah, écoute, désolée, j'ai laissé ma carte bancaire à la maison, je pensais que tu allais m'inviter ! La prochaine fois ce sera pour moi. » (Pas grave, elle ne le reverra pas !) Bien sûr, c'est faux, mais au moins cela le met face à ses manquements. Pas question qu'elle sorte un centime. Je sais, nous sommes des femmes modernes, mais cela n'a rien à voir. De toute façon, il s'inclinera et n'insistera jamais pour qu'elle réglee sa part.

Par ailleurs, le lieu où il a emmené sa dulcinée est important : si c'est au McDo, au secours ! Il se doit d'avoir choisi un lieu

Parole d'auteur

« À Paris, sur cent hommes d'amour pris au hasard,
voici les chances qu'une femme de cœur
a d'être heureuse si elle en aime un :
vingt l'exploiteront, vingt la compromettront,
vingt la corrompront, trente la méconnaîtront.
Restent dix amants dignes de ce nom, mais, sur ces dix,
neuf ont déjà vécu leur vie, ils sont usés !
Et le centième aime presque toujours ailleurs. »
Paul Bourget (*Physiologie de l'amour moderne*, 1889)

légèrement cosy, où il sait qu'il aura à payer une addition de plus de 25 euros ! Si ce n'est pas le cas, on a affaire à un radin et à un homme qui ne considère en aucune manière la femme qu'il a invitée à dîner.

Kiss, kissons-nous
ACTE 2

Voilà, le dîner est terminé, chacun rentre chez soi. Il est temps de se lancer dans un éventuel baiser. Qui le donne ? Certainement pas Madame. Si l'homme ne fait pas le premier pas, elle ne doit pas bouger. Il va bien finir par lui sauter dessus ! Mais c'est quoi un baiser, un vrai ? Lesquels sont « honorables » à l'issue du premier dîner ?

LE KAMA SUTRA DU BAISER

L'encyclopédie de l'amour indien montre que les baisers amoureux sont la base d'une vie sexuelle riche en sensations, hommes et femmes devant jouer des rôles différents et spécifiques.
Je vais ici vous parler des baisers envisageables et raisonnables lors d'un premier rendez-vous, puis de ceux qui vous laissent présager une simple partie de jambes en l'air (car bien trop intime pour un début de relation). Le baiser a ceci de particulier et d'unique qu'il met à lui seul tous les sens en éveil : le goût, l'odorat, l'ouïe, le toucher… C'est tout de même la première pénétration. Et elle dit long…
Voici donc les baisers dits « respectables » au terme d'une première soirée, et qui ne servent qu'à donner l'eau à la bouche…

Parole de coach

Les IRM révèlent que le cerveau féminin fait travailler 14 à 16 aires cérébrales lors d'une communication en face à face. Ces aires lui permettent de décoder les mots, les changements d'intonation, les signaux corporels, ce qui joue un rôle essentiel dans ce que l'on nomme « l'intuition féminine ». Chez un homme moyen, seules 4 à 7 de ces aires sont sollicitées, parce que les cerveaux masculins sont plus spécialisés dans les taches dites spatiales que dans la communication.

Le baiser du bonheur et du respect mutuel
C'est un simple smack appelé aussi « baiser nominal » : on appose simplement tendrement les lèvres sur celles de l'autre. Elles restent fermées. C'est un véritable apéritif de ce qui va suivre et la découverte des peaux de bouche... Tout un programme !

Le baiser caresse de la découverte
L'homme et la femme touchent de leur langue les lèvres de leur partenaire. Ils jouent avec les lèvres.

Le baiser de l'amour
Les langues roulent et se caressent de tous côtés. C'est évidemment le baiser le plus fougueux, le plus sensuel et celui à manier prudemment car, bien fait, il mène directement les

Parole de coach

Les menteurs droitiers regardent à gauche
lorsqu'ils mentent,
les menteurs gauchers regardent à droite.

deux amants au lit. Lors d'un premier rendez-vous, il est clair que la femme doit se montrer bien plus timide que l'homme, afin qu'il ne pense pas tomber sur une morte de faim, une excitée grave ou sur une-qu'il-faudra-satisfaire-pendant-des-heures.

Si l'homme embrasse la femme d'un des baisers dont nous allons maintenant parler, il faut se méfier, il veut juste la sauter et ne prend pas de gants.

Le baiser goulu
L'homme saisit les deux lèvres de la femme et les suce comme un affamé.

Le baiser gourmand
Il embrasse avec sa langue et caresse sa partenaire sur tout le corps avant que ses baisers deviennent de petites morsures douces. Ce baiser est un peu brutal et dominateur. Beaucoup trop pour un début, à réserver au lit.

Le baiser vampire
L'homme aspire le souffle de la femme, sa salive, il aspire véritablement sa langue, il mange ses lèvres.

Le baiser salivant
Le but de l'homme est de goûter réellement la femme et de lui prouver à quel point il a envie d'elle au plus profond. Ce baiser laisse augurer le cunnilingus et la fellation. Et il le sait très bien...

Le baiser pénétrant
La langue de l'homme pénètre fortement et puissamment dans la bouche de la femme. On l'a compris, pas besoin de dessin : il a terriblement envie et besoin d'entrer en elle par tous les bouts, si possible.

Le baiser cunnilingus
L'homme mime un cunni. Toute femme saura le reconnaître. Là, franchement, il la prend pour une péripapéticienne. Pas très classe le premier soir.

Le baiser un peu dégueulasse
L'homme pénètre la femme avec sa langue, lui lèche carrément la bouche, puis aspire ses deux lèvres. Alors, là, soit il est saoul, soit c'est un porc. Ce genre de baiser est impossible à apprécier dans le début d'une relation. Il faut, pour qu'un tel baiser soit « accepté », être dans une grande intimité et être en grande confiance.
Madame, fuyez, vous avez affaire à un cochon ou à un gros pervers !

Parole de femme

À quelle unique chose l'homme est-il toujours fidèle ?
À son amour-propre.

LA FEMME DOIT ÊTRE VIGILANTE ET DONNER LE RYTHME

Elle doit choisir sciemment le baiser qu'elle veut donner et recevoir, et le faire savoir à l'homme « sans parler ». Il comprendra très bien qu'elle prend son temps, qu'elle ne va pas s'abandonner comme une folle tout de suite, et cela le rendra fou d'elle. Un homme ne peut pas tomber amoureux d'une femme qui en fait trop le premier soir et qui semble tout donner, le baiser étant la température de ce qui va suivre. Par ailleurs, c'est à elle de mettre fin à ce baiser, pas à lui. Elle doit mener la danse.

BIEN INTERPRÉTER LE BAISER

Si l'homme embrasse la femme en la pénétrant comme un fou, libre à elle de continuer ou pas. Mais elle ne doit pas se tromper : il est pressé de l'embarquer sous sa couette, le plus vite possible, n'est aucunement timide ni maladroit (l'inverse d'un homme amoureux, un peu gauche et attentionné, en plus d'être sur la réserve). Ne pas se dire : « Il m'a embrassée comme un fou, il est raide dingue de moi ! » Erreur magistrale ! Il est tout excité, c'est tout, rien à voir avec des sentiments, ni même de l'amour !

Voilà, il est l'heure de se quitter. Normalement, un gentleman raccompagne la femme en voiture, en métro, en bus, en scooter ou en taxi. S'il ne le fait pas, c'est qu'elle ne lui plaît pas assez et qu'il ne craint pas pour sa petite personne. Facile, donc, de faire le tri !

ALLEZ, ON TEXTOTE
acte 3… ou pas

Existe-t-il un art du texto ? Oui, en quelque sorte ! La première question à se poser est : qui fait le premier texto après ce dîner magique ? Certainement pas la femme ! Même si l'homme a payé, il ne faut surtout pas le remercier ! C'est à lui de la remercier de lui avoir fait l'honneur de sa présence.

IL ENVOIE LE PREMIER TEXTO LE SOIR MÊME

Est-il long ou court ? Qu'importe ! Ce qui compte, c'est qu'il l'envoie. Ce qui prouve qu'il a la femme dans sa tête depuis qu'il l'a quittée (moins d'une demi-heure).
Elle ne doit pas répondre sur-le-champ (elle sera dans la salle de bains, en train de discuter avec ses enfants, une amie qui dort chez elle, ou son téléphone est en mode silencieux, etc.). Bref, elle n'a pas entendu le bip du SMS. Elle lui répondra une heure plus tard, ou même deux heures (laissons-le languir un peu car, non, elle n'est pas encore dingue de lui… même si, en fait, elle l'est déjà).

Son texto-réponse doit être simple, sans points de suspension, du style : « C'était très agréable, j'ai apprécié ce moment. » Cela va de soi qu'elle n'envoie pas de smileys, de photos ou autres pictos ! Le texte doit être clair, concis et donner à l'homme l'impression qu'il ne sait pas encore trop à quoi s'en tenir : « Je l'ai fait craquer ? Elle a aimé mon baiser ? Elle a envie de moi ? » Il va mariner avec toutes ces questions et, à coup sûr, mal dormir… puisqu'il sera en train de développer des sentiments amoureux. Eh oui, c'est là que commence son processus amoureux.

LES JOURS SUIVANTS

C'est à lui de revenir à la charge et d'envoyer des textos du style : « Comment vas-tu, je pense à toi. » Merci de ne pas répondre : « Moi aussi », mais plutôt : « C'est adorable. » Il va automatiquement relancer la femme par texto, car l'homme « normal » est timide et il n'aime pas le téléphone et les moyennes à longues conversations.

Néanmoins, il ne faut pas rentrer dans le piège d'une communication textuelle, un peu virtuelle. La femme peut lui dire qu'elle préfère les conversations en réel, de vive voix, pour faire connaissance. Il n'y verra pas de mal, il sentira qu'elle n'est pas comme les autres et commencera à la mettre sur un piédestal. Il prendra alors son courage à deux mains et l'appellera. C'est plus doux et sympa qu'une conversation par textos,

Parole de coach

En ayant tort, un homme considère qu'il est en situation d'échec, parce qu'il n'a pas été capable de faire correctement son travail.

Parole de coach

Chez les hommes, la testostérone (hormone mâle du désir) arrive en 5 à 7 vagues quotidiennes avec un pic à l'aube, moment où le niveau est deux fois plus élevé qu'à tout autre moment de la journée.

non ? En revanche, mieux vaut ne pas s'éterniser au téléphone en racontant sa journée en détail (il n'y voit en général aucun intérêt mais la laissera parler, tout en faisant autre chose). C'est la femme qui doit mettre fin à la conversation.

S'IL N'ÉCRIT PAS LE LENDEMAIN OU LE SOIR MÊME

On peut en conclure qu'il n'a pas flashé. Ce n'est donc pas la peine de se faire un film. Un homme épris ne lâche pas sa proie si facilement. On ne peut pas plaire à tout le monde. Et c'est loin d'être la fin du monde.

LA FORME DES TEXTOS

On sait à présent que les hommes ne sont pas volubiles, il ne faut donc pas s'attendre à des romans-fleuves, mais, plutôt, à des injonctions un peu directes. La femme ne doit poser aucune question dans ses textos, elle doit faire comme lui. Il faut répondre dans la même langue et avec le même phrasé, voire la même ponctuation. Il n'y verra que du feu, mais se sentira tout chose « Bizarre, elle parle comme moi » ou, encore mieux : « Elle est top cette fille, elle me ressemble comme deux gouttes d'eau. »

La ponctuation

Attention à ne pas abuser des points de suspension, véritable bombe de sous-entendus : vous savez maintenant qu'ils ne sont pas compris par nos chers mâles.

Ne pas jouer non plus l'hystérique avec trois points d'exclamation ou trois points d'interrogation.

Idem pour les émoticônes, à manier avec parcimonie, même si lui en utilise des tonnes (souvent, il ne sait pas ou plus quoi dire).

Éviter d'être trop méticuleuse avec les points-virgules.

En revanche, les virgules font leur petit effet car elles soulignent le temps de réflexion et permettent à l'autre de RESPIRER.

Passer à la ligne, c'est bien, cela montre quelqu'un qui est à l'aise. Rien n'est plus excitant pour un homme qu'une femme qui connaît sa valeur.

LES TEXTOS À NE JAMAIS ÉCRIRE...

« Merci. »

Ce mot-là ne doit jamais sortir du clavier féminin, genre : « Merci pour cette soirée, c'était trop chouette. » Et puis quoi encore, c'est elle le cadeau, c'est à lui de la remercier !

« Tu es où ? »

Le mariage n'a pas encore eu lieu ! Donc pas d'interrogatoire, il déteste avoir à rendre des comptes. La femme joue la maman et il ne supporte pas d'être traité en petit garçon. En clair, en demandant : « T'es où ? », elle passe pour une chieuse, jalouse, maternante, parano, surtout pénible, et peu sûre d'elle. Bonjour le mélange !

« Tu fais quoi ? »
On s'en fiche, s'il a un truc à dire sur ce qu'il est en train de faire, il le fera (en général, ils sont plus que laconiques sur ce qu'ils font). C'est à lui de poser des questions. D'ailleurs, c'est à cela que l'on remarque un homme épris ou amoureux : il a envie de poser mille questions. Celui qui n'en pose pas ne s'intéresse pas du tout à sa partenaire, ce n'est pas qu'il n'aime pas parler, c'est juste qu'il n'y voit aucun intérêt.

« Pourquoi tu ne m'appelles pas ? »
À question débile, réponse débile ou pas de réponse du tout. Il n'appelle pas car il n'en a pas envie. Bien sûr, comme il est lâche, il dira qu'il n'a pas une minute à lui, qu'il n'a pas de réseau, que son tél est cassé, qu'il a perdu son tél, qu'il était en silencieux, j'en passe et des meilleures.

« Tu m'aimes ? »
La question qui tue. Parfois, il ne sait pas s'il aime encore, assez, déjà ou pour combien de temps. Par mesure de grande prudence, c'est donc une question à éviter à tout prix. Les « je t'aime » chez les hommes se prouvent, ils ne se « disent » pas. C'est ainsi et vous devriez le savoir désormais. Bien sûr, on peut toujours lui tirer les vers du nez, mais un « je t'aime » forcé n'a aucun goût.

« Au fait, raconte-moi... »
Il déteste se raconter ou passer des heures à écrire des textos. Alors, si en plus la femme lui demande de faire dans le détail...

L'HORAIRE DES ENVOIS

Il est préférable de ne pas envoyer de textos à n'importe quelle heure de la journée : le matin à l'aube, c'est bien trop intime (« Elle a rêvé de moi toute la nuit, c'est clair »), à 11 h, en pleine réunion avec ses commerciaux, pendant le déjeuner, pas terrible non plus. Le créneau 10 h du matin ou à partir de 17 h est plutôt un bon choix. En revanche, *exit* le texto de 22 h… (« Elle rêve que je viens l'embrasser »).

TRADUCTION DES TEXTOS POUR LA GOURDE

Le début et la fin d'un texto sont les données les plus importantes et les plus révélatrices du message :

- ✓ Salut = t'es très sympa, si tu as un créneau, on peut coucher ensemble.
- ✓ Coucou = entrée sympa du type un peu mal à l'aise, en tout cas, pas méchant, mais pas franchement accro.
- ✓ Hello = je fais genre je m'en fous mais, en fait, t'es une fille sur qui je craque et je pourrais bien tomber amoureux.

Parole de femme

Comment appelle-t-on un homme intelligent, tendre, sentimental, sensible et beau ?
Une rumeur.

- ✓ Bonjour (avec un prénom) = alors là, ce cher et tendre montre son respect et ça semble partir sur du sérieux.
- ✓ Les textos en morse du style « slt » ou « cc » = tu ne vaux même pas la peine que je perde mon temps à taper deux mots sur mon clavier, je te prends pour une salope ou une pute. On peut passer son chemin !
- ✓ S'il n'y a ni bonjour, ni coucou, ni hello = mieux vaut ne pas s'attarder, l'homme n'en a rien à faire. La femme n'est qu'une option !
- ✓ À plus = oublie-moi, tu ne m'intéresses pas.
- ✓ Bizz = en fonction du nombre de « z », la femme sait à quel point elle est potentiellement un bon coup qu'il garde sous la main.
- ✓ Bisous = t'es sympa, t'es mignonne, t'es gentille, donc gourde, donc un peu conne. Ne t'attache pas trop à moi, tu comptes un peu pour du beurre. En fonction du nombre de « s » à « bisous » elle sait dans quelle catégorie de « potentiel bon coup » elle se classe.
- ✓ Kissous = le mec veut paraître original. C'est le genre d'expression qui signifie : je suis original, tu sais, mais en fait, je m'en fous royal de toi.
- ✓ Smack = alors là, plus ringard que cette expression, tu meurs ! Il prend la femme pour un pote.
- ✓ Salut = là encore, elle est un pote de régiment pour lui, au secours !
- ✓ Tu me fais kiffer = tu me fais bander. Rien à voir côté amour.
- ✓ J'aime trop tes seins = t'es une superpoupée gonflable.
- ✓ Je t'adore = j'adore les fraises et j'adore le chocolat = tu es un produit de consommation délicieux, rien de plus, ne rêve pas.
- ✓ Je t'embrasse = c'est pas parce qu'on a couché ensemble deux fois que je vais te dire « je t'aime » ; je t'embrasse mais je ne prévois pas ma vie à long terme avec toi.

- ✓ Je t'embrasse tendrement = il commence à tomber amoureux !
- ✓ Je t'embrasse chaleureusement = il ne le sait pas, mais il est en train de craquer sévère.
- ✓ Je te fais des bisous partout = t'es vraiment un SUPER plan CUL.
- ✓ Tu me fais bander grave = au secours, il la prend pour une pute !
- ✓ Je pense à toi = là, c'est bon, on est sur la bonne voie, seulement si ce texto vient après avoir couché ensemble et non avant, moment où il prépare la bête à courber l'échine sous un flot de belles paroles...
- ✓ Kiss = je n'en ai rien à faire de toi, je sais même pas quoi écrire comme mot, donc un mot anglais, ça devrait faire l'affaire. Traduire par « lâche-moi ».

Parole d'homme

Le fait de téléphoner, écrire ou, d'une manière générale, tout ce qui consiste à s'incruster dans la vie des autres, ce n'est en général pas un de nos réflexes.
Avec notre copine encore moins, car loin de nous relier à elle, ça nous enfonce encore plus dans la frustration de son absence. En plus, on a appris très vite que ce qui horripile le plus une femme, c'est qu'on la colle, donc qu'il faut à tout prix éviter de trop en faire. Si on dit exactement ce qu'on pense, on SAIT qu'on ne sera pas compris, et que, selon toute vraisemblance, on ne sera pas crédible.

- Bisou, bisou = t'es vraiment trop gourde, ma pauvre.
- Je t'embrasse très fort = il commence à s'attacher, le meilleur des textos !
- Je pense à toi, je me caresse = tu es un superfantasme = je te désire mais je n'ai pas de sentiments pour toi = je suis un gros cochon.

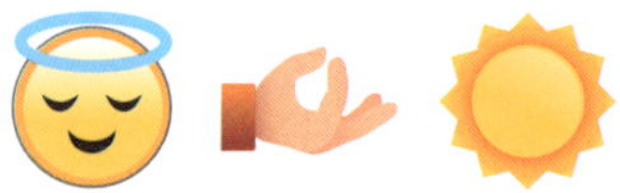

LES RÈGLES DE BASE DE LA TEXTO-GIRL

- Tu m'appelles, je ne te rappelle pas mais je t'envoie un texto sympa et un peu laconique.
- Tu m'envoies un texto, je ne me rue pas pour te répondre.
- Je te réponds avec le mêm registre de vocabulaire que le tien, ni plus ni moins.

Parole d'homme

Des femmes peuvent converser avec leur entourage tout en rédigeant un SMS.
Moi, si je prépare un SMS, je ne suis capable de faire que ça, je suis obligé de me détacher pendant cette écriture du contexte dans lequel je suis.
Je remets donc en général à plus tard l'envoi du SMS.
Je crois que les femmes seraient même capables de tricoter tout en écrivant un message.

- ✓ Tu te répands en gentillesses : je souris et réponds avec un smiley (mais attention de ne pas en abuser !).
- ✓ Tu veux tout savoir de mon passé, je refuse de parler de ce qui n'est plus.
- ✓ Tu es prêt à m'adresser des textos coquins puis des sextos ; je te base très vite, car je sais alors à qui j'ai à faire : un mec chaud bouillant pour un plan cul.
- ✓ Je n'envoie JAMAIS aucune photo de moi (éventuellement des selfies, pas plus, même sous la torture).
- ✓ Je conclus très vite que si tu n'envoies que des textos et ne m'appelle jamais, c'est que je ne vaux pas plus que les autres. À un moment donné, appeler celle que l'on désire doit être une urgence : entendre sa voix, sa respiration. Si je n'ai le droit qu'à des textos, surtout à partir de 22 h, j'ai compris : je ne suis rien à tes yeux, donc je ne me fais pas de films.
- ✓ Par texto, je ne pose aucune question sérieuse et n'évoque pas l'avenir (ça se fait de visu). Je me montre équilibrée et en quête d'une relation sérieuse.
- ✓ C'est moi qui mets fin à la conversation par texto (« Désolée je dois y aller » ou « Je bosse, à plus » ou « Occupée, à plus tard »).
- ✓ Je regarde le soin que tu as pris à passer à la ligne, les mots choisis… Tout me parle de l'amour ou du non-amour que tu me portes. Si tu écris en morse du genre « slt » pour « salut », je sais que tu n'es prêt à aucun effort pour moi. Si tu ne choisis pas tes mots, *idem*, tu t'en fous royalement. Bref, le texto est plus que révélateur. Je FAIS DONC très ATTENTION.
- ✓ Je conserve les textos : bien utile pour suivre l'évolution de la relation.

Parole d'homme

J'ai un problème avec ma copine.
Elle me reproche souvent de ne pas assez lui écrire ou de répondre longtemps après, voire à côté de la plaque.
Je pense que les femmes devraient comprendre que l'on n'est pas comme elles. Quand je reçois un texto, je le lis, je remets le téléphone dans ma poche en pensant que je répondrai après avoir fini ce que je fais et très souvent je zappe.
Et c'est pas parce qu'un homme n'écrit pas ou écrit peu qu'il ne tient pas à sa copine.
Cela n'a aucun lien.

2.

La première soirée… et plus si affinités

LE FLIRT, *allez on pousse*

Une semaine est passée, la femme et l'homme se revoient. Elle, elle est plus tranquille, rassurée sur son pouvoir de séduction ; lui, il est plus nerveux, prêt à en découdre le plus vite possible, c'est-à-dire la dévorer. Elle doit tenir bon, ce n'est pas encore le moment de se laisser déshabiller dans la voiture. Place au flirt un peu poussé.

ON PROCÈDE PAR ÉTAPES

Après le cadeau de sa bouche, l'homme a le droit de découvrir la poitrine de la femme. Mais pas le reste ! Pour celles qui ont peur de flancher (la chair est faible), porter une culotte bien moche et ne pas s'épiler est une bonne façon d'éviter la catastrophe. On est certaine de refuser toutes ses avances, même si on est très excitée.
Ce rendez-vous amoureux peut avoir lieu chez l'un ou chez l'autre, du moment que la femme a la possibilité de s'éclipser tranquillement. De toute façon, il se devra de la raccompagner si elle est dans son *home sweet home*.

NE JAMAIS LE CROIRE S'IL DIT : « ON DORT JUSTE ENSEMBLE, CÔTE À CÔTE, JE TE JURE QUE JE TE LAISSERAI TRANQUILLE. »

Aucun homme normalement constitué ne saura résister à un corps de femme à ses côtés, qui plus est une femme qu'il veut séduire plus que tout. Et, blottie contre lui, elle sentira son pénis dur comme un canon. Donc, pas de dodo avec le nouveau chéri. Sans compter que, le sommeil et la fatigue venant, elle se trouvera désinhibée et encline à craquer : « Au point où j'en suis, je me laisse faire ! » Pitié, non !

PAS DE CUNNILINGUS !

S'il propose de lui en faire un, la femme peut répondre : « C'est trop tôt pour moi. » Il comprendra très bien, même s'il en meurt d'envie. S'il veut jouer avec ses doigts, pourquoi pas, mais pas plus. C'est tout de même risqué (attention de ne pas aller plus loin...).

Du côté de la femme, pas question de le masturber, et encore moins de lui faire une fellation. Elle le connaît à peine et avalerait son pénis ardemment ? Elle passera pour une grosse cochonne, point barre. Bref, pas une femme que l'on respecte, ni que l'on garde. Ce geste, plus intime qu'une pénétration, doit être réellement un cadeau de sa part et ne doit pas se pratiquer avant le sixième soir, avant et non après une pénétration simple ! Nous en reparlerons un peu plus loin.

Parole de coach

L'homme cherche à se vider, la femme à se remplir.

RIEN NE PERTURBE PLUS UN HOMME QU'UNE FEMME SILENCIEUSE

Certes, il faut converser, mais sans en faire des caisses ni en rajouter ! Il pensera : « Ça y est, je ne lui plais plus », « Est-elle vraiment amoureuse ou je suis juste sympa ? », « Une femme qui ne parle plus n'est pas une femme, qu'est-ce qui se passe, j'ai dû faire une erreur. »
Il sera alors aux petits soins, et à elle de répondre lascivement : « Désolée, je suis juste un peu fatiguée. » Il sera à ses pieds, lui posant cette fois, comme une femme, quelques questions auxquelles elle ne répondra évidemment pas, ou à peine.

APRÈS CE DEUXIÈME RENDEZ-VOUS, INUTILE DE SE RÉPANDRE EN COMPLIMENTS

La femme ne doit pas exposer ses sentiments, ses sensations, ses ressentis (les femmes ont toujours besoin de décortiquer et analyser les choses). Avez-vous remarqué qu'à l'inverse, les hommes ne le font quasiment jamais ? Alors, qu'elle se calque sur lui et reste dans la réserve, le silence et le mystère. (Message : moi non plus je ne sais pas encore quels sont mes sentiments à ton égard.)

ÇA Y EST, IL EST CONQUIS ?

Eh non, il n'est pas conquis facilement ! Les hommes ont ce que le psychologue Alon Gratch nomme un « vide émotionnel », c'est-à-dire qu'ils ont un mal fou à déterminer leurs sentiments profonds. D'ailleurs, ce sont souvent les femmes qui les poussent à s'engager, se marier ou faire des enfants. Ils ne savent pas ce que signifie aimer profondément (je parle du début de la relation, bien sûr). Donc, conquis ? Non !
Les hommes ont besoin de plus de temps que les femmes pour tomber amoureux. C'est bien là le problème ! Elles veulent leur mettre la laisse autour du cou, alors qu'eux ne veulent ni maîtresses ni mères. Ils souhaitent juste « être bien » et « passer du bon temps, tranquilles ». Rien de palpitant. Le reste arrive bien plus tard.

Attention, donc : la femme ne peut s'estimer gagnante qu'au bout de quelques mois, lorsque le couple partagera le même toit. Méfiance de ce fait dans les premiers temps de la relation, où rien n'est joué et où il reste relativement distant. La capacité des hommes à se distancier de leur affect leur permet de tenir debout, de ne pas être dévorés par la relation,

Parole d'homme

Un homme peut se sentir perdu si sa compagne lui parle trop pendant l'acte sexuel. En effet, pendant l'amour, un homme se sert de son hémisphère cérébral droit et un scanner montre qu'il est si concentré, qu'il en devient quasiment sourd.

Parole d'homme

Quand un homme est excité par une femme, la taille de ses cuisses est le cadet de ses soucis, en fait, ses cuisses sont devenues parfaites pour lui.

ce qui agit directement sur leur pénis si fragile. Un pénis ne doit pas penser et ils le savent très bien. Moins on y met de sentiments au départ, plus il est dur. Pauvre pénis, si peu sentimental (un homme très amoureux a peur de débander).

Par la suite, la femme pourra être interpellée, voire surprise ou choquée, par le manque d'empathie de l'homme à son égard. Heureusement, ce n'est pas lié à elle, ni à lui, mais c'est tout simplement dans sa nature. Les hommes peuvent pleurer devant un match de foot (effet de meute), mais ne pas verser une larme devant un chien malade.

LA FEMME DOIT AGIR COMME UN HOMME

À elle, donc, de garder ses distances et d'agir sans trop d'affect. C'est la seule attitude qui le désarçonne et le force, finalement, à s'exprimer ou, tout du moins, à se poser des questions et à entrer en contact avec ses sentiments, ses émotions. Il tentera à ce moment-là (lorsqu'il pensera que, justement, elle n'est pas acquise) d'analyser ses penchants : « Est-ce juste sexuel ? Est-ce que c'est une supercopine ? Est-ce vraiment la femme de ma vie ou l'une des femmes de ma vie ? » Laisser l'homme faire ce travail en douceur est la meilleure des options. Il a besoin de temps et surtout d'espace, SANS PRESSION.

LES FEMMES ONT TENDANCE À L'ÉROTOMANIE

Le vrai problème vient du fait qu'elles pensent qu'elles sont aimées et, de surcroît, aimées rapidement. D'où toutes les erreurs de précipitation qu'elles commettent à demander plus, et plus encore. Ce qui effraie les hommes. Ce qui, même, les fait fuir.

N'oublions pas que ces hommes « sortent du corps » d'une femme dont ils ont eu tant de mal à se défaire. Les femmes, elles, sortent d'un sexe féminin. Elles ne viennent pas du ventre de leur père. La grande nuance est là. Cela explique, à mon sens, la peur irrationnelle et inconsciente des hommes vis-à-vis de l'engagement, de la fusion. La dette d'un fils envers sa mère et du coup envers les femmes peut, pour certains, paraître immense et infinie.

Qu'elle ait été absente ou hyperprésente, voire ingérente, cette mère plane toujours au-dessus de leur tête. Les hommes doivent avoir réglé leurs problèmes de dépendance ou d'animosité envers elle pour pouvoir s'engager ! Et cela peut prendre une vie pour certains.

LES QUESTIONS À SE POSER *avant de s'accrocher* COMME UNE GOURDE À SON POIGNET

Après ce flirt poussé, c'est sûr, la femme a flashé. Elle est prête à se jeter sur l'homme et à tout lui donner. Elle pose donc le pied sur l'accélérateur alors qu'elle devrait rouler à dix à l'heure et le laisser, LUI, appuyer sur le champignon (s'il freine, elle sera fixée). Avant de continuer bille en tête, il faudrait quand même qu'elle se pose quelques petites questions sur le spécimen qui l'intéresse, histoire de ne pas commettre d'impairs.

A-T-IL ÉTÉ MARIÉ OU DANS UNE RELATION LONGUE ?

Si ce n'est pas le cas, prudence extrême. Est-ce parce qu'il a un vice de forme, comme dirait ma grand-mère ? Est-ce parce que c'est un éternel queutard ? Un ado attardé ? Un capricieux = l'herbe sera toujours plus verte ailleurs ? Ou un allergique à l'engagement (il y en a beaucoup) ?

A-T-IL DIVORCÉ IL Y A PEU ?

Là, la femme n'a plus qu'à sortir les rames, un homme qui a connu une grande déception, ou un lourd conflit, ne sera pas enclin à repartir facilement et docilement dans une relation.

Parole de coach

Après le mariage, un homme sait tout ce qu'il a besoin de savoir sur sa partenaire et ne voit donc aucun intérêt à trop parler, questionner, savoir.

Oui, ces hommes-là deviennent très méfiants, surtout s'ils paient de lourdes pensions alimentaires…
S'il est en instance de divorce, ouille, ouille, ouille.. Un divorce peut durer des années s'il y a beaucoup de biens en commun et, évidemment, si la guerre est déclarée pour la garde des enfants. À elle de voir si c'est gérable dans la mesure où Monsieur n'en parle pas chaque jour et chaque heure, ne lui fait pas subir ses humeurs (maussades et glauques), ne l'accuse pas de tous les défauts de son ex (à cette période de leur vie, ils passent par la case « je ne peux plus voir les bonnes femmes »). Bref, cette situation est bien sûr compliquée à vivre, mais peut être dépassée. Il faudra être patiente.

VIT-IL SEUL AVEC TROIS CHATS OU DEUX CHIENS ?

Au secours ! Pour lui plaire, la femme devra ressembler à ces adorables créatures plutôt soumises, et surtout PAS BAVARDES. Sans compter qu'il y a de fortes chances pour qu'elle passe après ces jolies bêtes à poils. Qui peut concurrencer un chien gentil, aimant son maître d'un amour inconditionnel ? Personne, nous le savons. Méfiance, donc, si l'homme en question se présente en permanence avec son chien ou passe ses nuits avec ses trois chats couchés en kaléidoscope sur son ventre.

PARLE-T-IL RAPIDEMENT DE SON EX ?

Aïe ! Si, par malheur, il en vient rapidement à parler de son ex, mieux vaut prendre ses jambes et son sac à main à son cou et fuir. Lorsque l'histoire est classée et super bien digérée (il faut minimum un an de « décompensation-compréhension-travail de deuil symbolique », voire deux à trois ans pour certains), le sujet n'est plus abordé. Il n'y a plus d'interrogations. Donc, il ne parle pas d'elle. S'il en parle, c'est qu'il l'aime encore. La nouvelle femme sera donc une « femme pansement ». Libre à elle. Mais elle ne sera qu'une « femme transitionnelle ». Dommage, n'est-ce pas ? Sans compter la perte de temps. Si, en plus, elle ressemble physiquement à cette ex (cela arrive très fréquemment), alors là, c'est carrément le pompon, pour lui comme pour elle. Se guérir avec un clone, quoi de mieux ? Rejouer tout et cette fois-ci gagner... Vous l'avez compris, le sujet de l'ex ne doit quasiment jamais venir à sa bouche. La rencontre n'est pas une séance psychanalytique !

Parole de femme

« Ce qui est top, c'est d'envoyer un texto à son chéri qui est dans une pièce à côté, un truc du genre « J'aurais adoré que tu me prennes là maintenant... » Généralement, il débarque dans les deux minutes !!! »

VIT-IL TOUT PRÈS DE CHEZ SA MÈRE (AU-DESSUS, DANS LA MÊME RUE, DANS LE MÊME IMMEUBLE) OU, PIRE, CHEZ ELLE ?

Ce monsieur est donc encore « marié » avec elle. Elle en tire beaucoup de bénéfices et, finalement, le fils aussi : qui pourrait concurrencer l'amour délirant d'une mère ? En tout cas, pas une autre femme ! Au secours, il ne faut jamais entrer dans ce triangle pervers, où l'on se perd très rapidement. Les couples à trois, ça ne marche jamais, encore moins avec une mère. Il serait bon que ce cher homme aille chez un psy, un coach ou en colonie de vacances, mais, surtout, qu'il COUPE le cordon.

EST-IL EN PERMANENCE ENTOURÉ DE SES POTES ?

Encore un immature ! L'effet de groupe se tarit normalement après l'adolescence. Il va falloir en permanence passer sous le scanner de leurs regards et les supporter. Possible pour certaines. Néanmoins, ce genre d'homme est plus qu'influençable. Le dernier qui aura parlé aura raison. S'aventurer dans une telle relation est dangereux. L'intimité du couple sera plus que limitée. Et il ne faut pas s'amuser à couper l'homme de ses potes, sinon la femme en paiera le prix fort.

EST-IL RADIN ?

Ça, ça se sait très vite. Un homme qui n'invite pas une femme au restaurant ou qui partage l'addition est AVARE. Même un homme sans le sou s'arrange pour l'inviter. Vivre avec un

Parole de coach

Grâce aux hormones de l'amour, un homme et une femme sont fusionnels d'un à trois ans. Puis on passe à autre chose…

radin est un ENFER : compter toutes les courses, subir les remarques quotidiennes sur les dépenses, les promos qu'on n'a pas su saisir. Il faut tirer un trait sur les restaus à l'improviste, les soirées théâtre, les vacances de rêve, les petites surprises craquantes. C'est L'ENNUI MORTEL. L'avarice est une vraie maladie. Malheureusement, cela ne se guérit pas. Qui plus est, qui dit avarice du porte-monnaie dit avarice du cœur. Les deux vont de pair. Ces hommes-là sont généralement enclins à fermer la porte de leur cœur et à ne jamais explorer ou livrer leurs sentiments. L'horreur, en somme.

A-T-IL DES ADDICTIONS (CIGARETTE, ALCOOL, JEUX) ?

Évidemment, on ne sait pas tout sur le bonhomme au départ. Il ne va pas présenter la liste des réparations en cours ou des chantiers jamais terminés.
Pour la cigarette, bonne nouvelle, le paquet va augmenter, il va donc finir par arrêter. Par ailleurs, sa compagne pourra l'aider à diminuer sa consommation puis à la stopper. Et s'ils fument tous les deux, ils feront ensemble ce « voyage » vers la bonne santé.

S'il boit plus de deux verres par jour, il est *addict*. Oui, j'ai bien dit *addict*. Et, à un moment donné, deux verres ne suffisent plus, on augmente la dose le week-end. Or, il est impossible de vivre avec un homme qui a deux personnalités. Le gars à jeun superénervé et le buveur déconneur, puis agressif, voire parfois violent. C'est un choix dangereux...
Pour l'addiction aux jeux, cette pathologie est ennuyeuse et handicapante, car cette pulsion est très puissante pour celui qui la subit. Un psychiatre s'impose. C'est à peu près le même principe que les boulimiques : ils vivent leurs crises cachés. La femme ne découvrira pas le pot aux roses : c'est le pot qui lui tombera un jour par surprise sur la tête et, là, elle comprendra...

A-T-IL TRÈS PEUR DE VIEILLIR ?

Ça va coincer... Un homme de ce genre, qui pratique mille et un sports, fait attention à tout, fait des UV, se met des crèmes, se fait implanter des cheveux, se blanchit les dents... n'aimera une femme que si elle est au top. Ça peut être en effet le cas durant plusieurs années, mais à 55, 60, 65 ans, qu'en sera-t-il ? Eh bien, elle sera jetée à la poubelle comme un vulgaire produit de consommation. Ces hommes-là cherchent chez une femme un OBJET et non un SUJET. Un objet n'a pas d'âme. Il se doit d'être beau et voilà sa grande qualité. Ces hommes cherchent une femme qui, par sa beauté, les rassure. En général, ils choisissent des femmes plus jeunes qu'eux, jusqu'à ce qu'elles deviennent un peu moins fraîches, moins pulpeuses, et qu'ils en changent. On ne va pas prendre un vieux modèle alors que le produit dernier cri arrive sur le marché ? Il faudrait être débile, non ?

A-T-IL TROIS, QUATRE OU CINQ ENFANTS DE MOINS DE 18 ANS ?

Bon, je ne vous fais pas un dessin, la femme va vivre un superjoli cauchemar. Se taper des ados, en plus pas les siens, bonjour la galère ! Néanmoins, si elle a l'âme, l'esprit et la personnalité de mère Térésa, cet homme est fait pour elle.
À elle les grandes tablées (prévoir sur le planning du temps dans la cuisine, à préparer, cuisiner, laver) et de longues heures à polémiquer avec SES ados. Si, en plus, elle a les siens, bonjour l'ambiance ! Finies, les heures de tranquillité. Il y a des femmes qui adorent les défis, et là, c'en est un de taille. On peut préférer un homme qui a la garde de ses enfants un week-end sur deux, c'est-à-dire quatre jours par mois. Là, c'est plus gérable, bien qu'épuisant, et tout le monde peut clairement se l'imaginer.

Parole de Coach

Pour un homme, le sexe, c'est le sexe.
Et l'amour, c'est l'amour.
Il est capable de gérer les deux séparément.
Pour une femme, le sexe = l'amour.
Impossible pour la plupart de cloisonner.

A-T-IL DE L'HUMOUR ?

Un homme qui a de l'humour est un homme qui peut tout endurer et promet vraiment une belle vie. Un homme qui n'en a pas n'a aucune distance vis-à-vis de ses émotions, échecs, passages à vide, c'est un homme qui promet une vie de merde, avec, à la clé, la soupe à la grimace tous les jours. Ça va ensemble : le type pétri d'humour sourit facilement, l'autre est plutôt fermé et finit comme une carpe desséchée et aigrie. L'humour est une vraie marque d'intelligence intuitive et le signe fort d'une personnalité souple et bien construite. Il a intégré une bonne échelle de valeurs de la vie. Il s'emploie à être bien dans sa peau et, en général, fait du bien autour de lui. Cet homme est un cadeau pour son entourage. L'autre, pas du tout. L'humour dans le couple est PRIMORDIAL. Si tout est sérieux, tout casse. L'humour permet de dépasser les sales périodes et de trouver les bonnes solutions. À trop vouloir la sécurité, certaines choisissent parfois le mec très sérieux, donc rassurant. Ces femmes ne savent pas combien leur vie va être triste à mourir. Si une femme ne peut pas rire ou plaisanter avec l'homme qu'elle aime, c'est pathétique et ça la mène tout droit à la dépression.

A-T-IL DES PRÉFÉRENCES SEXUELLES ?

Échangiste, fétichiste, SM, etc. Évidemment, il n'en parlera pas au départ mais, finalement, plutôt très rapidement. À mon sens, un homme qui ne peut faire l'amour que d'une manière ritualisée est un homme avec lequel on ne peut pas vivre, à moins d'avoir exactement la même perversion.
S'il y a incompatibilité, un conseil : ne pas rentrer dans cette relation. D'abord, parce que si la femme aime faire l'amour le plus naturellement et le plus simplement possible, lui va regarder les mouches au plafond. Ensuite, parce qu'elle devra s'adonner à ses jeux et ses fantasmes régulièrement au début, puis quotidiennement par la suite. C'est à ses risques et périls. Beaucoup d'hommes ont des préférences sexuelles, mais elles restent « à peu près » raisonnables et normales, en quelque sorte. C'est lorsque l'homme ne peut plus jouir qu'en faisant l'amour de telle ou telle façon que cela devient une perversion et, finalement, une pathologie liée à une névrose.

EST-IL SUPERMANIAQUE ?

Pour le savoir, la femme peut inspecter sa voiture. S'il n'y a pas de poussière, elle sera fixée. Son appart sera pareil… Franchement, je ne vous invite pas à vivre avec un homme comme ça. La maniaquerie est une sorte de TOC (trouble obsessionnel compulsif). Elle induit un homme hyper-anxieux, voire angoissé, toujours en quête du contrôle de ses

Parole de coach

Les hommes se servent de la sexualité pour se libérer de leurs émotions alors que les femmes parlent pour se libérer. Deux continents…

émotions, de sa femme, de la vie en général, qui finit par devenir son propre tyran avant d'être le SUPER-MÉGA-TYRAN de sa compagne. En effet, elle ne fera jamais comme lui, donc il repassera derrière elle, sans oublier de la rabaisser au passage. Que ce monsieur aille vivre dans son musée tout seul ou avec une plante verte associée à une poupée gonflable, bien propre surtout.

NUIT *magiiiique*

Après moult péripéties, la première nuit est arrivée… Il s'agit de ne pas faire n'importe quoi et de se rappeler quelques vérités bonnes à entendre.
Les hommes sont restés les mêmes ! Ils ressemblent à leurs pères et leurs grands-pères. Pour eux, la femme, celle avec qui ils vont s'engager, se doit d'être unique et rare. Quel homme rêverait d'une Marie-couche-toi-là pour lui donner des enfants ? N'oublions pas qu'ils sont toujours angoissés à l'idée de bien être le père de leurs futurs enfants. À la femme, donc, de leur prouver son innocence (même si c'est faux), son sens de l'absolu (même si l'on sait que cela n'existe pas), son sens du sacré (oui, faire des enfants, c'est sacré), en somme, son respect profond de la féminité.

LES FEMMES QUI S'ABANDONNENT EN TOUT POINT LA PREMIÈRE NUIT SONT CONSIDÉRÉES COMME DES COCHONNES

Ils ne le diront JAMAIS mais le penseront fort et tout bas. Celle qui se met à faire une fellation de professionnelle (merci Internet) pourra pleurer toutes les larmes de son corps,

car l'homme ne s'engagera pas dans une relation avec elle. Il la rappellera si c'est vraiment une déesse de la fellation, mais c'est tout. Ne parlons même pas de celle qui pratique un anulingus… Alors là, c'est la « spéciale cochonne », même si c'est délicieux à recevoir (pas toujours à faire). Ce geste-là est à réaliser après s'être vraiment mis en couple !
En fait, la femme doit se montrer un peu prude, même à 50 ans ! C'est-à-dire ne pas se mettre directement à quatre pattes, les fesses en l'air, ne pas demander à être fessée, ne pas dire : « Oh, oui, elle est grosse ! », j'en passe et des meilleures.

En fait, tout ne se fait pas en un soir !
Le premier soir, celui du dîner, l'homme a eu droit à la bouche de sa partenaire.
Le deuxième, lors du flirt plus poussé, la femme a offert sa poitrine (mais pas dans une voiture, n'est-ce pas !).
Le troisième ou le quatrième soir, il aura le droit de découvrir son entrejambe. Et elle, de voir son sexe en le frôlant (surtout pas de branlette, ni normale, ni espagnole, aucune branlette, même internationale, vous passeriez du coup pour une chaudasse, ou une pute, rappelez-vous les étiquettes).

Parole de coach

Les chercheurs considèrent qu'ils n'existent que 15 % des hommes ayant des qualités féminines. Ces 15 % d'hommes sont d'ailleurs pour la plupart homosexuels.

Enfin, le cinquième soir, les deux amants pourrons coucher ensemble, mais « normalement » (pas en exécutant tout le kama sutra).
Car, même s'il faut donner à l'homme l'impression qu'il la révèle, la femme ne doit pas tout accepter ! Pas de sodomie, par exemple. Cet acte doit être sacré ! On ne donne pas ses fesses tout de suite, d'autant que, sans être triviale, cela peut être parfois glauque pour les raisons que vous imaginez... Donc, méfiance et prudence totale quant à cet acte à réserver à un homme qui AIME et ne désire pas uniquement une femme. Et, surtout, à réserver une fois qu'il l'a prouvé (avec des actes et pas seulement des mots).

Pas de fellation sans rapport sexuel !
Cet acte est l'acte d'abandon le plus puissant qu'une femme puisse offrir à un homme. Il est donc à réserver pour bien plus tard que la première nuit et, surtout, après une pénétration vaginale, pas avant.
Et c'est à l'homme de prendre toutes les initiatives, pas à la femme ! S'il lui demande de le prendre dans sa bouche lors de la première nuit, elle doit refuser gentiment.
Cela attendra (il adore ATTENDRE). Elle peut lui dire qu'il lui faut plus de temps pour pratiquer cet acte, que c'est très

Parole de coach

Un homme peut être envahi d'émotions à la vue d'un match de football, mais beaucoup plus rarement dans sa relation affective.

intime et qu'elle a encore besoin de le connaître (même si c'est faux ou qu'elle adore ça, ELLE DOIT TENIR BON).

Après avoir couché « normalement » avec son partenaire, la femme peut s'abandonner le sixième soir.

L'homme doit avoir l'impression de diriger les opérations
La femme doit se TAIRE (ne pas parler pendant l'acte) à part quelques gémissements doux et jouissifs pour l'homme. Elle ne doit pas montrer son arsenal de connaissances et, surtout, elle doit laisser l'homme diriger la relation (même s'il est nul). Ne pas demander : « S'il te plaît prends-moi en levrette, oui, comme ça, vas-y plus fort, enfonce-moi bien ! »
NON, NON, NON ! La femme doit pour cela attendre d'être dans une vraie relation de « couple », de partager de nombreux moments avec son homme (hors du lit), de rencontrer ses amis, ou de lui présenter les siens, d'être idéalement complices. Minimum un mois, donc...
Vous allez dire, mais cette coach est vieux jeu !
Non, je ne suis pas vieux jeu,
CE SONT LES HOMMES QUI SONT VIEUX JEU.

S'il ne la fait pas jouir, eh bien tant pis, c'est un mauvais amant et il ne changera jamais ! Autant le savoir dès le départ. Faire l'amour demande de l'imagination, de la générosité (penser à l'autre), de l'attention et de l'observation (les femmes sont toutes différentes), du savoir-faire (connaître le corps de la femme). Donc, si Monsieur est naze, pas la peine de se lancer dans une formation intensive, encore moins le premier soir.
Mon conseil : AU SUIVANT !

LA FEMME FAIT MONTER LA PRESSION ET DÉVOILE SON JEU EN DOUCEUR

Elle se fera de plus en plus fine, experte et dévouée, surtout côté fellation, après les différentes nuits passées ensemble. C'est-à-dire qu'elle dévoilera son érotisme et sa sexualité tout en douceur et seulement si l'homme l'y invite.
Néanmoins, pas question d'avaler son SPERME, même après un mois ! Ce cadeau offert à l'homme est L'ACTE D'AMOUR LE PLUS PUISSANT QUI SOIT POUR EUX. Avaler leur semence... Évidemment, tous les hommes adorent, les femmes moins.
Je ne parle même pas de celles qui acceptent que leur homme leur éjacule sur le visage ou sur les seins. Un homme qui fait cela rapidement ne respecte pas sa compagne et ne l'aime pas. Elle est juste sa cochonne préférée, sa pute gratuite et les rendez-vous auront lieu au lit uniquement. Pas d'amour, mais des appels et des textos à foison.
La femme pourra pleurer pour un peu de tendresse, qu'il sera évidemment incapable de lui donner. Est-ce que l'on est tendre avec une pute ? Avec une femme lubrique ? Non, il n'est pas fou. Et, comme je vous l'ai dit, l'homme a cette sacrée tendance à poser des étiquettes d'entrée, étiquettes qu'il n'ôte quasiment jamais une fois posées.

Parole de coach

L'homme ne parle longtemps que lorsqu'il y a une solution à proposer.

CARAMBA… LES PRÉLIMINAIRES !

La gourde sait très bien que les préliminaires sont importants. Mais là, il s'agit que ce soit LUI qui s'occupe d'elle et non elle, la bouche rivée pendant une demi-heure à son engin. Les premiers préliminaires doivent donc être bien plus audacieux de son côté. Évidemment, personne ne demande à Madame d'être une planche à pain, mais il est préférable qu'elle se laisse faire, puis qu'elle s'occupe un peu de lui. Comme une ingénue.
Elle découvre son sexe, son gland tout doucement, sa verge, ses testicules (ne pas s'y attarder trop longtemps en les léchant comme une folle, c'est tout de même très intime dans les premiers temps de la relation ; de légères caresses avec la langue suffiront).
Il faut éviter de le masturber comme une folle également ! Chaque homme a une façon de se masturber, il vaut mieux le guider pour qu'il se masturbe lui-même, ainsi la femme verra comment il fonctionne et, du coup, pourra reproduire ce qu'il aime (PAS MAINTENANT, LA PROCHAINE FOIS), le rythme, la variation, etc.

Parole d'auteur

« L'amour des hommes,
c'est un joli film qu'on se fait dans la tête ! »
Bernard Werber (*Paradis sur mesure*, 2008)

Est-ce que les hommes aiment les préliminaires ?
Oui, surtout lorsque l'on s'occupe d'eux. La majorité d'entre eux consacrent du temps aux préliminaires pour faire plaisir à leur compagne, maîtresse ou épouse, mais c'est surtout valable dans les débuts de la relation amoureuse. Si vous saviez le nombre de femmes qui viennent me voir en consultation et m'avouent que les préliminaires sont inexistants et que leurs hommes vont droit au but ! Lubrification ou pas, ils ne s'en soucient pas trop.
Les hommes conservent les préliminaires pour chasser et conquérir leurs maîtresses. Une fois attrapées, celles-ci auront droit elles aussi à une grève légère ou totale des préliminaires.

Les femmes se plaignent également du fait que les hommes ne savent pas titiller leurs seins : doivent-ils les malaxer, les pétrir, jouer avec le téton, suçoter ? Ils appliquent souvent ce qu'ils savent faire, mais ne se rendent pas compte que cette zone très forte en érectabilité est à redécouvrir avec chaque femme. À eux donc d'essayer plusieurs choses et de voir ce qui fait de l'effet, le souffle de la femme augmentant et les tétons durcissant davantage suivant les caresses.

En ce qui concerne les caresses justement, les femmes trouvent souvent que les hommes manquent d'imagination et vont droit aux zones érogènes, alors qu'elles adoreraient qu'ils leur lèchent les oreilles, les doigts de pieds, les doigts, caressent et embrassent leur nuque, leur entrejambe... Faire l'amour est un art, une adaptabilité à l'autre, et doit se décliner toujours différemment, selon les femmes et les moments, alternant douceur, tendresse, puissance et virilité.

LE CUNNILINGUS VU PAR LES FEMMES

Une femme qui se laisse lécher est formelle : il faut qu'elle se sente parfaitement propre et en dehors de ses périodes de règles. C'est un acte d'abandon très intime et beaucoup de femmes ont peur de l'odeur qui va émaner de leur sexe. Elles restent donc souvent très prudentes quant à cette zone. Suivant le pH du vagin et ce que la femme a mangé (ail, oignon, épices), le sexe aura une odeur plus ou moins forte, ou pas d'odeur du tout !

Mon conseil : ne pas utiliser de savons trop odorants, ni de lingettes un peu chimiques, mais des gels de toilette intime appropriés. Et prendre de préférence un bain avant tout rapport, ce qui permettra de nettoyer le sexe, mais aussi l'anus. N'oubliez pas que ce dernier est juste en dessous du sexe, donc l'hygiène doit être irréprochable, même si l'on ne reçoit pas d'anulingus.

Enfin, il faut bien savoir où on en est dans son cycle. En effet, parlons cru mais parlons vrai, à la veille des règles, l'odeur vaginale est plus prégnante (même après une toilette serrée), et après les règles, c'est pire. Une solution possible : les éponges (en vente sur Internet) qui se placent au fond du vagin et qui absorbent les pertes et donc les odeurs. On peut même utiliser ces éponges pendant les règles, mais faire l'amour à ce moment-là, c'est-à-dire secouer l'utérus à cette période, fera mal et déclenchera, une fois debout, des règles bien plus abondantes... Pas top !

Les hommes manquent d'expérience

Les femmes se plaignent souvent que les hommes trouvent difficilement le clitoris, caressent mal, font mal... Bref, ils ne savent pas alterner douceur et virilité, et sont bien démunis devant les grandes et petites lèvres qu'ils n'osent pas écarter, tirer ou même caresser. Leur cunnilingus reste donc souvent assez basique.

Or, cela s'apprend, il suffit de lire les livres consacrés au sujet ou regarder des films pornos de lesbiennes (là, au moins, elles savent y faire).

Les hommes aiment-ils le cunnilingus ?

Franchement, si vous leur demandez, ils vous répondront, dans leur grande majorité, qu'ils font des cunni davantage pour faire plaisir. Bien sûr, il existe des dingues du cunni, mais ils sont rares, et ce sont souvent des hommes qui n'ont pas suffisamment confiance en leur érection.

En faisant un cunnilingus, les hommes se sentent dans une position de soumission et ils ne le vivent pas très bien. Ils vont donc s'exécuter quelques minutes, mais rares sont ceux qui vont pousser l'acte jusqu'à obtenir l'orgasme clitoridien de leur partenaire. Or, c'est bien cela que nous, les femmes, nous recherchons, tout comme eux, lors de la fellation. Il

y a une vraie disproportion entre le temps que les femmes passent sur le sexe des hommes et le temps qu'ils passent sur le sexe des femmes.
Il est vrai que cet endroit leur fait un peu peur, surtout lorsqu'ils passent profondément leur tête entre les cuisses féminines : toujours la crainte freudienne d'être avalé par la femme et de retourner « dans le ventre de la mère ». Ils vont, de ce fait, souvent rester au bord, effectuant des petits coups de langue qui ne serviront pas à grand-chose... Puis, ils se serviront rapidement de leurs doigts pour reprendre le pouvoir, le doigt étant pour eux le petit pénis. Encore faut-il être un bon pianiste et savoir jouer les bonnes partitions !

Les hommes ont souvent eu de mauvaises expériences avec des femmes à l'hygiène douteuse ou à l'épilation très moyenne ; ils se montrent alors plus que peureux face à ce cunnilingus tant aimé par les femmes lorsqu'il est bien fait.
Exception notable : l'homme amoureux, mais vraiment amoureux ! Il est capable de lécher sa partenaire pendant des heures (c'est d'ailleurs à cela que l'on perçoit ses sentiments). À ce moment-là, la femme peut avoir ses règles ou pas, il s'en fiche. C'est bien connu, l'amour est aveugle et n'a plus d'odorat !

Parole d'auteur

« Le sexe masculin
est ce qu'il y a de plus léger au monde,
une simple pensée le soulève. »
San Antonio (*Les clefs du pouvoir sont dans la boîte à gants*, 1981)

Parole d'homme

Quand une femme donne un conseil à un homme, il entend qu'il a tort.

Faut-il s'épiler intégralement ou non ?
La mode de l'épilation intégrale est venue du monde pornographique. Le sexe de la femme devient alors un sexe de petite fille. Doit-on penser qu'en chaque homme sommeille un pédophile ? Bien sûr que non ! Mais en chaque homme résonne un souhait de pureté. Et ce poil pubien, en lui-même, va à l'inverse de ce fantasme. Sans compter qu'il rend le sexe de la femme moins doux, moins lisse.
Par ailleurs, comme les hommes adorent regarder, surtout les détails, ils en ont pour leurs pupilles. Attention toutefois à aimer son sexe, car, avec une épilation intégrale, les petites et grandes lèvres seront visibles, et si elles sont très grandes, ça peut être un choc. De nombreuses jeunes femmes et femmes se font refaire le sexe, en diminuant leurs petites lèvres (opération semble-t-il très douloureuse mais très efficace).
Un conseil donc : conservez un peu de poils au-dessus de votre pubis. Il est plus sain de rester une femme et de ne pas vouloir jouer aux reines du porno. Beaucoup d'hommes aiment tout de même que leur femme ait encore quelques poils, tout doux évidemment (mettez un peu d'après-shampoing et votre toison sera magiquement douce).

LA FELLATION :
UN CADEAU QUE L'HOMME ADORE

Les hommes adorent la fellation et, pour être au top, la femme peut s'entraîner sur une banane.
Elle apprend ainsi à ne pas mettre ses dents dans le fruit et à bien ouvrir la bouche. À voir aussi combien de temps elle est capable de faire des va-et-vient sans s'étouffer littéralement, et jusqu'où elle peut avaler le « sexe » de son partenaire. Évidemment, il manque les testicules, très sensibles pour l'homme, et le rectum. Conclusion, si elle souhaite savoir faire une fellation, qu'elle se rende plutôt sur les sites pornos gratuits, non pas les sites d'amateurs, mais les sites des filles porno stars. Nous sommes d'accord que cette fellation d'experte, elle ne devra pas l'offrir au premier venu, mais à l'homme réellement épris. Elle l'aura fait attendre un max et, un soir, sous le prétexte qu'elle a trop bu, elle lui offrira cette gâterie. C'est sûr, il va s'évanouir de jouissance. Ensuite, elle peut jouer les timorées : « Oh là là, j'ai trop bu, décidément je ne supporte pas l'alcool »...

Que pensent les femmes de la fellation ?
Si ça ne dure pas trois heures, elles apprécient généralement. Sinon, bonjour les crampes des mâchoires ! Encore faut-il qu'il y ait l'alchimie odeur-peau, ce qui n'est bien sûr pas automatique et est unique à chacun.

Cet acte est parfois perçu par les femmes comme bien plus dégradant que la pénétration, dans le sens où le sexe rentre profondément dans leur bouche, lieu vital où l'on mange, respire, embrasse, goûte le monde. C'est donc paradoxalement bien plus intime que le vagin. D'ailleurs, ce que les femmes mariées stoppent en premier (en général et fréquemment après l'arrivée du premier enfant), c'est la fellation. Elles font rapidement la grève. Et Dieu qu'elles ont tort ! C'est assurément le meilleur moyen que leur homme aille voir ailleurs. Un homme en manque de fellations « bien faites » devient littéralement dingue, car c'est, finalement, presque toujours ce qu'il préfère dans le sexe.

La femme a donc tout intérêt à se pencher sérieusement et assidûment sur la question, et à pratiquer « ce sport » le plus longtemps et le mieux possible, afin de conserver un Monsieur calme et doux et, surtout, afin d'éviter de vraies infidélités (car c'est ce qu'il fera, au début virtuellement sur Internet, puis en *live* dans la vraie vie, dès qu'il le pourra). Aucun homme ne résiste à une femme qui lui propose ce genre de cadeau ! Regardez tous les sites de rencontre pour hommes mariés ! Ils explosent de candidats mourant d'envie de mettre, comme ils disent, du piment dans leur vie... C'est surtout qu'ils rêvent de placer leur sexe dans la bouche d'une jolie ingénue un peu pro quand même (faut pas déconner) !

Parole d'homme

Pourquoi les femmes ne pètent pas ?
Parce qu'elles ne gardent pas leur bouche
assez longtemps fermée
pour avoir assez de pression.

POURQUOI L'HOMME NAGE DANS LE BONHEUR PENDANT LA FELLATION

Il y a de nombreuses raisons qui font que l'homme raffole de la fellation. En voici quelques-unes... à méditer !

La femme se tait enfin un bon moment
Chaque homme vous le dira en confidence, la femme parle, parle et parle encore. Comment la faire taire et, finalement, lui rappeler qui est le mâle ? Rien de mieux qu'une fellation. Lorsque sa partenaire a la bouche bien remplie, bien occupée, le voilà enfin tranquille. Et pour un bout de temps, car, après celle-ci, la femme, un peu épuisée, ne part généralement pas dans de longs dialogues... Un rêve, en somme, pour la gent masculine.

L'homme est enfin passif
Ce pauvre homme a tout le temps l'impression (et, en effet, ce n'est pas une impression) qu'il doit être performant. Bouger son bassin, faire des va-et-vient, solliciter ses hanches, contorsionner la femme dans différentes positions, le fatigue ! Voilà enfin le repos rêvé du guerrier. Un instant de pause magique, où il n'aura pas à bouger dans tous les sens. En chaque homme sommeille un feignant. Leur rêve inavoué, pour la plupart, est une fellation et, pour enchaîner, une femme au-dessus d'eux qui gesticule... puis un gros dodo.

L'homme n'est plus dévoré par la femme, c'est lui qui s'engouffre
Les hommes sont souvent stressés par la pénétration vaginale. Tout cela est inconscient, mais cette pénétration provoque pour certains hommes sensibles ou ayant des rapports non réglés avec leur mère, des pannes d'érection, des peurs souterraines et des éjaculations précoces.
Le vagin est invisible pour l'homme (ce qu'il n'apprécie pas, puisque c'est un visuel, il préfère bien plus reluquer notre mont de Vénus, nos grandes et petites lèvres avec ce joli clitoris). Inconsciemment, il retourne à la source (d'où il est né) et, pour certains, c'est un peu affolant. D'ailleurs, beaucoup d'hommes préfèrent la pénétration anale pour laquelle ils ne ressentent aucune peur, car l'anus est un lieu moins effrayant, moins mouillé, et qu'ils connaissent, puisque ils ont le même.
Pour les hommes devenant pères, le vagin prend une place encore différente (surtout s'ils ont suivi de près l'accouchement de leur femme). C'est pourquoi la reprise des rapports sexuels est souvent très délicate, autant pour la femme que pour l'homme, après l'arrivée d'un enfant. On doit transformer un lieu qui est devenu maternant en lieu érotique, ce qui n'est pas chose aisée pour les deux parties. D'où, quelquefois, l'arrêt progressif des rapports sexuels après les accouchements, voire parfois, des séparations.

Parole d'auteur

« Tous les jours on couche avec des femmes qu'on n'aime pas, et l'on ne couche pas avec des femmes qu'on aime. »
Diderot (*Jacques le Fataliste et son maître*, 1796)

L'homme pénètre la femme doucement mais sûrement
Dans la fellation, il est toujours question de pénétration. C'est d'ailleurs ce qui fait jouir un homme : entrer dans sa femme, lui montrer sa puissance, son bâton bien dur. L'agressivité sexuelle des hommes fait partie de leur plaisir, même si ce n'est pas du tout ressenti et perçu comme un acte agressif. La pénétration vaginale est tout de même un acte un peu violent pour la femme, si l'homme s'y prend mal et lui tape dedans comme dans un punching-ball.
La fellation est, de ce fait, plus douce pour lui comme pour elle, sauf si elle tombe sur un taré qui cherche à l'étouffer (il y en a, encore des hommes qui règlent leurs comptes avec la gent féminine).
Pénétrer la femme dans cette bouche pleine de salive et de dents est aussi une marque de grande confiance (on pourrait lui faire mal, voire même, le castrer en le croquant). Cette fellation est un risque que l'homme prend consciemment pour voir à quel point la femme l'aime. C'est purement délicieux pour lui.

La femme est enfin soumise
En général, lorsque qu'une femme pratique une fellation, elle est en dessous de l'homme ou à genoux. Dans tous les cas de figure, elle n'est plus sur son piédestal. Elle descend plus bas, et, évidemment, Monsieur adore cela. Ce qui le fait jouir, c'est de ressentir cette force virile, cet ego surdimensionné et ce pouvoir sur sa compagne. Là, il a tout bon et à tous les coups.

L'homme se sent viril et son sexe lui paraît enfin énorme
Voir et encore voir. Un homme a toujours peur de perdre son engin de vue ! Pensez au nombre de fois où il touche sa verge dans son pantalon, la replace…

Parole de coach

Un homme excité est un homme excité. Pas forcément un homme amoureux.

Dans la fellation, il n'a plus besoin de se cacher pour mater son pénis, c'est cadeau. Il va pouvoir admirer son engin pendant de longues minutes. Quel pied ! C'est sûr, admirer notre clitoris, cela ne nous fait strictement rien ! Nous sommes bien différents, n'est-ce pas ?!
Par ailleurs, vous remarquez qu'il soulève les cheveux de sa femme pour bien voir sa bouche engloutir son sexe ! « Vas-y, engouffre-moi bien ! » Il se sent alors aimé, désiré, puissant et a la totale impression de reprendre le pouvoir sur la nature féminine qui l'effraie toujours un peu inconsciemment. Là, c'est la vengeance et la récompense du Jedi ! Il peut, avec sa main, montrer le rythme souhaité, guider habilement. C'est sincèrement une merveille pour lui, bien plus qu'un cunnilingus pour la femme (elle ne se sent pas littéralement avalée).

TOUTES LES FEMMES SONT-ELLES POTENTIELLEMENT DES FEMMES FONTAINES ?

Devenir une femme fontaine est chose beaucoup plus commune qu'on ne le pense ou qu'on ne le croit. Il suffit pour cela de mieux comprendre la physiologie de l'éjaculation féminine et de trouver le meilleur amant du monde. Et les femmes de découvrir alors un continent inconnu et incroyable !

En effet, selon les sexologues, toutes les femmes, je dis bien toutes les femmes, sont capables d'éjaculer en quantité faible ou plus importante selon les cas. Cet orgasme est d'ailleurs considéré comme unique pour de nombreuses femmes. Elles en deviennent rapidement accros.
Malheureusement, beaucoup d'hommes ne savent pas faire « éjaculer » leur partenaire : « Pourquoi éjaculerait-elle, c'est à moi ce truc-là, non mais ! » pensent la plupart d'entre eux. Peu s'interrogent donc sur le phénomène et se « forment ». Beaucoup pensent en plus, à tort, que leur partenaire est en train d'uriner sous leurs doigts (bonjour la honte s'ils s'écrient : « Mais chérie, tu es train de faire pipi ! », il y a de quoi vous coincer à jamais !). De nombreuses femmes sont d'ailleurs mal à l'aise avec cette sensation de « gicler », comme disent les hommes, ce qui s'apparente, pour elles, à la sortie de leur urine, alors qu'il n'en est rien.

À la différence de l'urine, il s'agit là d'un liquide très clair et sans aucune odeur. Ce liquide provient des glandes de Skene, deux « sorties » à gauche et à droite du méat urinaire. Toutes les femmes en sont pourvues (eh oui !).
L'éjaculation féminine s'obtient grâce à la stimulation du point G de la femme, et chaque femme en possède un ! Toutes les femmes sont donc des femmes fontaines en puissance ! À elles maintenant de dépasser leurs tabous et leur peur de paraître « sales » ou « cochonnes », et d'apprécier s'abandonner totalement, car sans ce lâcher-prise, il est quasiment impossible d'éjaculer. Evidemment, à tester une fois que le couple est bien, bien solide !

3.

On ne rigole pas avec le sexe (et autres révélations sur Adam et Ève)

Adam
BANDE ET DÉBANDE

L'érection est au centre de la sexualité des hommes (et des femmes !) et pose souvent question. Est-ce qu'un homme bande à 30 ans comme à 50 ou 60 ?
La fonction érectile d'un homme dépend de son taux de testostérone. Ce taux diminuant nettement avec l'âge, les érections sont donc, pour la plupart, moins dures et vigoureuses passé 50 ans...

UNE BONNE HYGIÈNE DE VIE

Elle est aussi importante pour avoir de bonnes érections. Si l'homme boit un peu d'alcool tous les jours, fume, a de l'embonpoint et ne fait aucun sport, pire ce sera. En effet, faire du sport remonte très favorablement le taux de testostérone. Le cannabis ou les antidépresseurs retardent l'éjaculation et provoquent de moins bonnes érections.

LES FEMMES SE SENTENT SOUVENT COUPABLES DES MOINS BONNES ÉRECTIONS DE LEURS PARTENAIRES

« C'est sûr, j'ai grossi, je suis moins sexy, je ne sais plus y faire avec lui, je suis moche, il en désire une autre, il est ailleurs, il ne m'aime plus ! » PAS DU TOUT, mes gourdes adorées, Monsieur a un problème et cela n'a rien à voir avec VOUS ! À lui de gérer et de consulter. Le médecin lui prescrira de la testostérone en gel, et/ou du Viagra® ou du Cialis® pour ceux qui peuvent le prendre. Attention, cela doit toujours se faire avec l'accord d'un médecin, car ce sont des médicaments dangereux pour ceux qui ont des soucis de vascularisation et/ou des problèmes d'artères. À prendre impérativement avec l'aval d'un sexologue, donc.

Parole de sexologue

Dans le mécanisme de l'érection, la volonté a peu d'influence ou, plutôt, une influence négative, explique le Dr Virag. Il s'agit bel et bien d'un phénomène neurologique et vasculaire, porté par un carburant : le sang. C'est en effet le sang qui arrive dans la verge et provoque le gonflement. Très logiquement, pour que celle-ci reste rigide, le sang doit se maintenir, grâce à la compression des veines qui ferment le cylindre jusqu'à l'éjaculation. L'érection peut également s'arrêter d'elle-même, lorsqu'il n'y a aucun relais sous forme de stimulation érotique.

LA TAILLE DU PÉNIS ET LA QUALITÉ DE L'ÉRECTION SONT-ELLES LIÉES ?

Au contraire, il semble que les pénis larges exigent une pression sanguine supérieure, donc soient plus sensibles aux blocages, comme l'explique dans son essai le Dr Virag : « Si l'on ose une comparaison avec l'automobile : les petites cylindrées demandent moins de carburant et arrivent à leur rigidité de croisière plus vite ! »

LORSQUE LES HOMMES BANDENT MOU

Cette fois, l'érection est là, mais ne tient plus ses promesses. Il s'agit clairement d'un problème de mauvaise vascularisation. Cela arrive souvent aux hommes qui présentent une artériosclérose : le sang n'arrive pas correctement dans la verge (malgré toute leur excitation) et le pénis ne durcit plus… Bonjour l'angoisse pour eux ! Ici aussi, cela se traite

Parole de sexologue

Des difficultés d'érection qui persistent, et même s'aggravent, sont peut-être le signe d'une maladie des artères bouchées. Cette maladie se caractérise par la formation de dépôts graisseux sur la paroi des artères (ou « plaques d'athérome ») qui les rétrécissent, et par un épaississement du sang. Résultat : il parvient moins bien à gorger les corps caverneux du pénis, qui peine alors à se durcir.

avec des changements drastiques d'hygiène de vie, un examen des artères de la verge, du reste du corps (à voir avec son médecin), et des médicaments.
Donc, en résumé : mesdames, vous n'y êtes pour rien ! Les hommes sont malheureusement souvent dans le déni lorsqu'un problème tombe sur leur quéquette et il faut du temps pour qu'ils prennent le problème au sérieux et qu'ils finissent par consulter. Toute la virilité d'un homme se trouve dans son pénis, donc, imaginez un peu lorsque celle-ci ne répond plus au doigt, à la main et à l'œil ! D'ailleurs, les hommes de 50 à 60 ans, commençant à percevoir des troubles d'érection, se tournent souvent vers des femmes plus jeunes, pensant que la fraîcheur de celles-ci les fera bander plus dur et plus longtemps. C'est évidemment une foutaise ! Il est certain que c'est plus agréable de mater de jolies petites fesses toutes neuves qu'un derrière flasque, mais si l'homme a une baisse de testostérone et des artères bouchées, son pauvre pénis restera mou ou à demi mou... quoi qu'il arrive !

LES FEMMES SUBISSENT LA MÉNOPAUSE ET EUX, L'ANDROPAUSE

Heureusement, il existe des exceptions ! Certains hommes bandent dur très tard, mais c'est parce qu'ils mangent équilibré, font beaucoup de sport, ne boivent pas, ne fument pas, ne prennent pas de médicaments, dorment suffisamment... Bref, ce sont des saints ! Seraient-ce des pompiers ? Il est en effet connu et reconnu que les pompiers et les hommes de pouvoir ont un taux de testostérone plus élevé que la moyenne. Allô le 18, y'a quelqu'un ?

LES ÉRECTIONS INVOLONTAIRES

Ce qui est nommé trivialement la « gaule du matin », que Victor Hugo désignait plus brillamment par l'expression « les matins triomphants », est en fait un phénomène nocturne, qui se produit précisément durant les phases de sommeil paradoxal. Lors de ces phases, le système « sympathique » qui maintient la plupart du temps la verge « fermée » par de petits muscles n'est plus maître à bord et, de fait, les muscles en question se relâchent. Qu'on se rassure donc, « l'érection nocturne, les mouvements et les gestes involontaires n'ont rien à voir avec un rêve érotique », précise le Dr Virag. Il est possible qu'une érection nocturne soit perçue par le cerveau et qu'elle déclenche une excitation, un désir, qui peut, ensuite, déclencher des gestes érotiques comme la masturbation. Le dormeur ira jusqu'au bout de son excitation ou pas, à la femme de décider si elle veut le réveiller ou non ! Ces érections peuvent avoir lieu environ deux à trois fois par nuit, et si l'homme « bande le matin », c'est tout simplement parce qu'il se réveille en pleine phase de sommeil paradoxal.
« On peut estimer que deux à trois érections matinales par semaine constituent un indicateur de bonne santé sexuelle », ajoute l'expert. Les érections nocturnes et matinales permettent en fait d'oxygéner la verge, pour la nourrir, selon un système à peu près similaire au clitoris, qui s'engorge pendant la nuit. En termes un peu mécaniques, il s'agit presque de cycles d'entretien.

Il existe par ailleurs d'autres situations capables de déclencher une érection involontaire : les remous d'un train en marche ou simplement un moment de relaxation dans la journée... Avec l'âge, ces phénomènes automatiques ont tendance à s'atténuer.

MON AMOUR, *ma quéquette*

Les hommes sortent leur verge quatre à cinq fois par jour pour faire pipi ! Ils la déplient, la regardent, la voient se vider, voient précisément leurs jets (plus il est puissant, mieux ils se sentent). Ils la secouent pour faire sortir les dernières gouttes afin qu'elles ne tombent pas dans le slip ou le caleçon. Ils la nettoient pendant la douche, la regardent être bien dure le matin (signe de bonne santé), ou petite lorsqu'il fait très froid. En clair, ils sont en connexion permanente avec leur engin… contrairement aux femmes !

LES FEMMES NE VOIENT PAS LEUR SEXE À MOINS D'UTILISER UN MIROIR

En fait, seul leur homme et leur gynéco connaissent parfaitement leur intimité. Même en se lavant, elles ne voient pas grand-chose. De fait, les femmes peuvent plus facilement se passer de sexe pendant des mois, voire des années, cela n'est pas un véritable problème. Malgré tout, au bout d'un certain temps, elles peuvent devenir irritables, car la sexualité est une énergie à utiliser…

LES HOMMES BANDENT DE MANIÈRE MÉCANIQUE ET LORSQU'ILS SONT EXCITÉS

Lorsque je dis de manière « mécanique , c'est qu'ils peuvent bander grâce à un simple frottement.
Bander ne signifie en rien être amoureux, et eux le savent bien. Le pénis et le cœur n'ont strictement rien à voir. Lorsqu'une femme vient me dire : « Il bandait comme un fou, il m'aime grave », je lui réponds qu'elle n'a rien capté. Oui, il était très excité, mais cela ne veut en aucun cas dire qu'il avait le moindre sentiment. Les femmes qui ont intégré cela très tard sont malheureusement nombreuses. Il est temps qu'elles se réveillent ! Un homme qui bande est juste un homme excité, rien de plus.

UN HOMME AIME MATER DES FILMS PORNOS

Oui, oui, et re-oui, il aime regarder ces films pendant lesquels il donne libre cours à ses fantasmes. Bien sûr, il ne le dira jamais à sa femme (il passerait pour un gros obsédé), mais il adore ça. Il ne faut jamais oublier cette vérité : l'homme est de nature polygame. La femme doit donc le laisser satisfaire son besoin visuel et s'imaginer « se taper » toutes celles qu'il n'aura jamais. Il est important de le laisser rêver, se masturber (un bonheur pour chaque homme), vivre virtuellement de multiples relations et faire tout ce qu'il ne pourra jamais oser demander à une femme. Lui, évidemment, il adoooore. Le voici rassuré et comblé : il bande, et c'est BON. Cette

Parole d'auteur

Quelle est la différence entre une pute,
une conne et une salope ?
La pute couche avec tout le monde.
La conne ne couche avec personne.
La salope couche avec tout le monde, sauf moi
La gourde couche le premier soir.
Wolinski (*Les pensées*, 1981)

sensation de sexe dur dans son pantalon, cette verge fièrement dressée le rassure sur sa virilité, sa puissance et sa force. Le sexe gonflé à bloc, les testicules dures car pleines (même sans une femme à ses côtés), le remplissent de joie. C'est une sensation que les femmes ne connaîtront jamais, mais qu'elles peuvent tout de même concevoir et imaginer. Avoir un truc énorme qui se met à gonfler dans les mains, c'est clair que ça doit être l'extase. *Ave Cesar* !

QUELLES SONT LES PRÉFÉRENCES DES HOMMES CÔTÉ KIKI

✓ Le plier : un pénis au repos, c'est drôle et mou.
✓ L'étirer : on ne sait jamais, ça peut l'aider à pousser encore un peu plus.
✓ Goûter leur sperme : « ça va, il a bon goût quand même. »
✓ L'agiter quand ils sont en érection : là ils sont heureux, les voici maîtres du monde. Et, surtout, le faire devant une femme, quel pied. Ça, c'est un vrai mâle !
✓ Le scruter en détail : il ne faudrait pas que celui-ci ait quoi que ce soit. Le regarder le plus souvent possible est le meilleur moyen d'éviter tout problème. C'est tout de même leur outil de travail...
✓ Essayer de le faire entrer partout et surtout n'importe où : quel homme ne rêve pas d'un bon tour de piste !
✓ Le mesurer au repos et lorsqu'ils bandent : la base, en somme, pour tout homme digne de ce nom...
✓ Se masturber et tenter de tenir le plus longtemps avant d'éjaculer : là, au moins, il n'y a personne pour être déçu. Aucun risque de jugement.
✓ Le tenir dans la main : quel délice. Devant un match de foot ou de rugby, avec une bière dans l'autre main, aux toilettes lorsqu'ils font la grosse commission, en conduisant leurs bolides, en attendant l'ascenseur, bref, dès qu'ils le peuvent.

Parole de coach

Lorsqu'un homme ment,
il a tendance à grimper d'une octave.

✓ Le replacer : oui, il a bougé, et il faut le remettre à sa place. C'est aussi, et surtout, une manière de le prendre dans la main et de le sentir. « Oui je t'aime, mon chéri, toi et moi, c'est pour la vie. »
✓ Le sentir de leurs doigts : ça arrive aussi aux femmes, non ?
✓ Le secouer sans utiliser leurs mains : c'est bon de le voir vivant, gros et dur de préférence. Quel homme n'a pas fait l'hélicoptère avec son sexe…

LE SPERME, *cet étrange étranger*

Beaucoup de femmes s'interrogent sur ce liquide étrange que les hommes connaissent bien. Il reste assez mystérieux et, pour beaucoup, pas très ragoûtant... Voici un petit questions/réponses pour les gourdes, afin qu'elles ne meurent pas idiotes...

MON HOMME MOUILLE BEAUCOUP, ÇA M'INQUIÈTE !

Certains hommes produisent, lorsqu'ils sont excités, une sorte de liquide appelé « rosée du plaisir ». Ce n'est pas du sperme, mais... ça mouille. Les femmes peuvent trouver cela étrange ou juste dégoûtant, mais, quand on aime, on aime tout, non ?

MON HOMME A UN SPERME QUI A UN DRÔLE DE GOÛT ?

Pourquoi certains spermes ont bon goût alors que d'autres pas du tout ? Le sperme est composé en majorité des sécrétions produites par les vésicules séminales, qui représentent 65 à 70 % de son volume. Le goût du sperme, déterminé par le pH sanguin et urinaire, est donc différent suivant les

Parole de sexologue

En clair, et en détail : 1/2 à 1 cuillerée à café est éjaculée après 2 à 3 jours d'abstinence, contenant en moyenne 15 millions de spermatozoïdes par millilitre. Cette quantité varie suivant la fréquence des éjaculations : au-delà de 2 éjaculations par jour, moins d'1 ml est le plus souvent produit. Après quelques jours d'abstinence, le sperme devient épais et opaque.

hommes. De même, l'odeur du sperme peut différer parce qu'elle est déterminée par les différentes protéines qui la composent. L'alimentation a aussi un un effet sur l'odeur : on dit ainsi que les végétariens ont une odeur plus douce.

POURQUOI LA COULEUR DU SPERME EST-ELLE PLUS OU MOINS CLAIRE ?

Le sperme a habituellement une couleur blanchâtre, transparente ou un peu jaune (sans que ce soit pathologique). Cette couleur est variable selon les hommes et les moments, car les proportions des différents composants du sperme peuvent varier. En cas de rapports fréquents, le sperme devient plus transparent.

COMMENT SAVOIR QUE MON HOMME EST SUR LE POINT D'ÉJACULER ?

On distingue plusieurs étapes lors de l'éjaculation :

- ✓ La phase d'émission : c'est une phase de préparation, au cours de laquelle le produit des vésicules séminales, des testicules et de la prostate se concentre dans l'urètre postérieur après être sorti des canaux éjaculateurs (situé dans la prostate). C'est comme si « l'homme se chargeait ».
- ✓ La phase d'expulsion (ou éjaculation) : le sperme, concentré dans l'urètre, est expulsé, grâce à une contraction de tous les muscles du périnée et de l'urètre.
- ✓ La phase de l'orgasme, qui coïncide en général avec l'éjaculation : l'homme ressent des sensations positives au niveau du périnée, ce qui induit au niveau cérébral une sensation de plaisir intense et maximal. L'orgasme produit différentes autres manifestations : augmentation de la fréquence cardiaque et de la tension artérielle, dilatation des pupilles, rougeur de la peau, sudation, contractures musculaires globales...

Parole d'auteur

« Aimer les femmes n'est rien à côté du désir d'être aimé par les femmes. »
Jacques Salomé (Aimer et se le dire, 2003)

POURQUOI MON HOMME SEMBLE ÉJACULER PAR SECOUSSES ?

Parce que l'éjaculation se fait en plusieurs saccades, classiquement espacées de 0,8 seconde, avec la contraction de tout l'appareil génital interne et des muscles du périnée.

EST-CE QUE MON HOMME A UN ORGASME À CHAQUE FOIS QU'IL ÉJACULE ?

Hélas pour eux, non, cela ne va pas forcément de pair. Mais, fort heureusement, dans la majorité des cas, éjaculation = orgasme.

EST-CE QUE MON HOMME PEUT RETARDER SON ÉJACULATION ?

Oui, avec l'expérience et l'entraînement, l'homme sent quand « ça monte », il bouge donc différemment, s'arrête, sort du vagin ou de la bouche, se serre à la base de la verge. Mais lorsqu'un homme n'a pas fait l'amour depuis longtemps, il est pour lui hyperdifficile de se contrôler. C'est comme une personne qui se retient depuis longtemps d'uriner, à un moment donné, il faut « y aller ». Si l'homme éjacule très rapidement chaque fois qu'il fait l'amour, il est important qu'il aille voir un sexologue, qui lui donnera des conseils avisés.

MON HOMME SEMBLE MOINS ÉJACULER DEPUIS QU'IL A FRANCHI LE CAP DES 50 ANS

Eh oui ! Le taux de testostérone, hormone mâle produite par les testicules, détermine la production de sperme. À partir de 50 ans, parfois avant, autour de 45 ans, ce taux diminue (apparaissent alors les bourrelets sur le ventre, le dos et les hanches). Comme il y a moins d'hormones mâles, il y a moins de sperme. L'homme atteint toujours l'orgasme, mais il émettra moins de liquide.
Attention cependant : si un homme de 35 ans éjacule peu en revenant d'un séminaire de boulot, il y a anguille sous roche ou plutôt bombasse sous le lit ! Car après quelques jours d'abstinence, un homme doit normalement avoir, au minimum, une éjaculation de 4,5 ml de sperme et les testicules bien remplis…

Parole d'auteur

« L'amour est l'histoire de la vie des femmes, c'est un épisode dans la vie des hommes. »
Madame de Staël (L'Influence des passions, 1796)

Adam et le préservatif, L'UNION PAS SACRÉE

Le latex, ce n'est pas la peau… C'est un peu comme un truc médical ou un pansement superfin. Pour certains, le simple fait de penser à se protéger les renvoie à l'image de la mort et les angoisse.

L'UTILISATION DU PRÉSERVATIF PERTURBE FONCIÈREMENT LES HOMMES PEU SÛRS D'EUX

Plus précisément, ceux qui ont quelques doutes sur leur image phallique. Car, au moment où ils placent le préservatif sur leur sexe, ils voient parfaitement la qualité de leur érection, ce qu'ils ne feraient pas s'ils pénétraient directement leur partenaire.
Le préservatif n'est pas un levier exponentiel de l'érection : il renforce les angoisses de l'homme et ne fait qu'accentuer sa peur de ne pas être assez performant, assez viril. Bonjour la pression !
La pose du préservatif est, par ailleurs, très facile pour certains (qui inconsciemment acceptent ce bout de plastique), alors que d'autres s'énervent vite, le placent mal ou le déroulent trop sèchement. Et, évidemment, ils débandent…

Parole d'auteur

« Le sexe est la seule manière qu'ont les gens de se défouler. Ça, ou se saouler complètement. »
Björk (Human Behavior, 1995)

LES HOMMES DE 50 ANS ÉPROUVENT DES DIFFICULTÉS À EN PORTER

C'est d'abord à cause d'un problème physiologique indéniable : ils sont moins sûrs de leur érection que ceux de 20 ans. Mais, surtout, parce qu'ils anticipent la culpabilité de ne pas arriver à le mettre... ce qui fait qu'ils y arrivent encore moins.
Il faut aussi souligner que le préservatif, s'il est imposé par la femme, est très mal vécu par l'homme. C'est en somme à lui de prendre l'initiative et d'en avoir avec lui.
La gourde ne doit pas en avoir dans son sac ou sur sa table de nuit en évidence. Bonjour l'image de chaudasse, sinon...

BIEN DES FEMMES N'ONT PAS CONSCIENCE DE LA FRAGILITÉ DE LA SEXUALITÉ MASCULINE

Non, ce ne sont pas des machines à bander dur comme des Turcs. Le préservatif met en lumière leurs zones d'ombre, leus faiblesses et leurs doutes. Les hommes sont des êtres fragiles lorsqu'il s'agit d'être en contact direct avec leur puissance virile et sexuelle. Sans compter que le préservatif les prive à leurs dires, de leurs sensations…

APRÈS LE RAPPORT, PEU D'HOMMES ONT ENVIE DE RESTER AVEC LEUR SPERME COLLÉ DANS DU PLASTIQUE

Ils sont obligés de se retirer du vagin ou de l'anus de leur partenaire alors qu'ils aimeraient encore « planer », comme ils disent. En clair, ça casse tout… Ils doivent ensuite aller jeter la chose à la poubelle, ce qui est assez compliqué pour eux. Quelle horreur d'abandonner leurs spermatozoïdes, c'est vraiment très frustrant !

Cela explique que, dans de nombreux films pornos, l'homme badigeonne le visage, la poitrine ou les fesses de sa partenaire avec son sperme, se régalant ainsi de voir et sentir sa semence. Certains hommes mettent d'ailleurs un préservatif mais l'enlèvent lorsqu'ils sentent monter leur fameux liquide, pour jouir sur le corps de leur partenaire ou dans sa bouche (grand plaisir et fantasme de l'homme).

Ce qui les ennuie, c'est de ne pas pouvoir marquer (à l'intérieur) le corps de la femme avec qui ils couchent.

Ils sont comme punis et ne peuvent laisser quelque chose d'eux en l'autre. Il n'y a pas de sensation de fusion, de mélange, comme le mélange des salives par exemple. Lorsque le rapport est terminé, c'est ni vu, ni connu, on se délaisse, comme si rien ne s'était passé.

LES HOMMES ENTRETIENNENT UNE DUALITÉ TOTALE VIS-À-VIS DU PRÉSERVATIF

Ils l'aiment, voire l'idolâtrent, pour plusieurs raisons : ils se voient préservés de l'engagement, de la peur terrifiante qu'on leur fasse un enfant dans le dos (mettons-nous à leur place !) et, finalement, aussi, de l'amour.
Mais, paradoxalement, avec cette protection, ils souffrent de ne pas offrir leur semence. Car au plus profond d'eux-mêmes, ce qu'ils souhaitent par-dessus tout, c'est « marquer leur territoire », y compris la femme d'un soir.

C'est pourquoi bon nombre d'hommes ont du mal avec ce bout de plastique et préfèrent, parfois, jouer à la roulette russe et prendre des risques, demandant à la gourde de ne pas se protéger : « Avec moi, pas de soucis, je t'assure, tout va bien. » Il n'y a pas de « avec moi » qui tienne. La gourde ne doit pas oublier de se préserver sous prétexte qu'elle a à faire à un beau parleur… Malheur à elle, car en acceptant, elle se met en danger et prend le risque que l'homme ne la respecte pas. Comment respecter une femme qui ose ne pas se protéger ? Qui confie sa santé à un autre ? Qui fait confiance au premier venu (même après quelques semaines, tant qu'elle n'a pas vu le test, elle doit se protéger) !

LES HOMMES N'ONT GÉNÉRALEMENT AUCUN SOUCI À UTILISER LE PRÉSERVATIF LORSQU'ILS NE SONT PAS AMOUREUX

C'est-à-dire lorsque c'est un plan cul ! Alors qu'amoureux, ils ont vraiment besoin de posséder la femme et de l'inonder, en quelque sorte, de leur semence (voir plus haut). C'est une jouissance en plus de l'orgasme. Les hommes amoureux imaginent que, potentiellement, la femme pourrait être la mère de leurs enfants. Ils font donc rapidement le test VIH pour pouvoir se passer du latex. Ce qui est une IMMENSE PREUVE D'AMOUR pour eux. Ils trouvent en effet plus excitant, dans leur fantasme, qu'une relation soit potentiellement féconde, même s'ils savent que la femme prend la pilule.

LES PLUS JEUNES L'ACCEPTENT MIEUX

Les hommes jeunes n'ont connu que ça... Donc, forcément, ça passe mieux. Ils essaient alors de jouer avec en prenant des préservatifs spéciaux, nervurés, parfumés, etc. Pour eux, c'est dans la norme. Néanmoins, ils savent parfaitement qu'ils auraient plus de sensations sans, mais ils ne prennent pas le risque.

Parole d'auteur

« Une nymphomane est une femme
aussi obsédée par le sexe que l'homme moyen. »
Mc Laughlin (*The Neurotic's Notebook*, 1963)

Parole d'auteur

« Le sexe sans péché, c'est comme un œuf sans sel. »
Carlos Fuentes (Cérémonies de l'aube, 1990)

QUESTIONS-RÉPONSES POUR LES GOURDES

✓ Mon copain veut que ce soit moi qui place le préservatif, que faire, que penser ?

Pourquoi pas, si vous êtes douée... C'est un peu une affaire de pro. Il y a beaucoup de filles qui ne savent pas le mettre correctement. Personnellement, je pense qu'il vaut mieux le laisser faire. Vous vous offrez, vous n'allez pas en plus vous occuper de tout.

✓ Mon copain veut que ce soit moi qui aille acheter des préservatifs, que faire ?

Ben voyons, là, c'est l'apothéose de la gourde, non seulement vous allez les payer, mais en plus, vous allez le mettre ? NON, NON, NON !

✓ Mon copain veut mettre le préservatif tout à la fin ?

Oui, c'est possible, mais gros risque pour vous côté maladies et grossesse... donc, non !

✓ Est-ce que je peux lui faire une fellation sans préservatif ?

Savez-vous que de nos jours les prostituées ne font plus que des fellations avec préservatifs ? En effet, vous pouvez attraper toutes sortes de maladies pas très romantiques, même par la bouche...

LES SECRETS *d'Adam*

Tous les hommes fantasment. C'est même leur sport favori. Ils voient de jolies fesses dans la rue, et vont rêver de faire l'amour dans la seconde, et sûrement de coucher avec leur femme le soir même, en pensant à cette inconnue avec qui, hélas, ils ne coucheront jamais…
Pour faire craquer un homme, rien de mieux qu'une femme qui a de l'imagination (pas dans les premiers mois de la relation, mais une fois que le couple est bien installé et que les sentiments sont très forts et partagés). Voici quelques secrets pour pimenter la relation, mais aussi pour mieux connaître le mâle.

LE ROI DU HAREM

Quel homme ne rêve pas en secret d'être le grand patron, le roi du harem… ? Tous les hommes ont ce fantasme… D'où le désir de coucher avec le plus de filles possibles ou de coucher avec deux femmes à la fois. Les bordels ressemblaient à cette sorte de harem et, finalement, on peut se demander dans quelle mesure il était positif de conserver ces lieux protégeant les prostituées et comblant les hommes.

Parole de sexologue

Les hommes qui simulent le font exactement pour les mêmes raisons que les femmes, explique le sexologue Iv Psalti. Tout comme elles, il souhaite leur faire plaisir, ou tout simplement abréger le rapport (oui, un rapport sexuel demande beaucoup de force physique qu'ils n'ont pas toujours).

THE KING OF SURPRISES

L'homme aime prendre sa copine, femme, compagne, partout. Donc, dans tous les lieux insolites possibles. Partout, sauf dans le lit conjugal.

LA FEMME EN COSTUME

Infirmière, hôtesse, et même religieuse... L'uniforme le fait rêver ! L'homme adore les femmes en jupes, robes, blouses. Il peut ainsi découvrir rapidement leurs jambes et leur minou. Il aime prouver aux femmes en costume qu'il est le patron. Mais, attention, il ne faut pas forcément réaliser ces fantasmes : « Si on met un fantasme en pratique, on prend le risque de voir disparaître son intensité érotique, explique Iv Psalti, sexologue. Mieux vaut les entretenir pour soi. »

OUI, IL SIMULE AUSSI

Cela vous paraît étrange ? Eh oui, les hommes sont, tout comme les femmes, capables de jouer la comédie et de faire semblant de jouir... Selon une récente étude américaine d'avril 2013, 30 % des hommes auraient déjà simulé un orgasme ? Oups ! 30 %, ça fait réfléchir, n'est-ce pas ? Si vous ne me croyez pas, lisez plutôt : « Lorsque l'homme éjacule, la seule chose que la femme peut ressentir, ce sont les soubresauts du pénis, explique Abraham Morgentaler, l'auteur de l'étude. Et ces soubresauts, l'homme peut les simuler par des contractions volontaires ! » Les choses se compliquent un peu pour lui ensuite, quand il doit jouer le rôle du mâle repu, voire courir aux toilettes pour jeter son préservatif (vide) dans la poubelle.

IL ADORE NOUS MATER LORSQUE L'ON COUCHE AVEC LUI

Les hommes bandent par les yeux en premier, et les femmes mouillent des oreilles au début...
L'homme est donc titillé par les courbes, la gestuelle, les cheveux... Que la femme soit maigre, fine, ronde, dodue, grosse, elle fait VIBRER l'homme. Et comme il est voyeur, il adore regarder sa partenaire pendant l'acte. Ça le rassure sur sa virilité et sa puissance.

IL ADORE QU'ON LE TOUCHE PARTOUT AVANT DE SE JETER SUR SON SEXE

Oui, l'homme a, tout comme les femmes, beaucoup de zones érogènes. Néanmoins, ce ne sont pas forcément les mêmes zones qu'elles.
Une étude de septembre 2013 révèle avec précision les zones d'excitation masculines suivant leur intensité.
Sur la première marche du podium :
✓ le pénis,
✓ la bouche,
✓ les testicules,
talonnés par :
✓ l'intérieur des cuisses,
✓ le haut de la nuque,
✓ les tétons,
✓ les oreilles.

L'HOMME EST PARFOIS COMPLEXÉ PAR SON ENGIN

Et, donc, n'aime pas d'emblée la fellation. Oui, oui, vous avez bien lu ! Parce qu'il a peur de ne pas être à la hauteur, d'être moqué... ou parce qu'il a peur des dents féminines !

Bon à savoir

Une étude américaine de 2009 nous confie que de 45 % des hommes utilisent régulièrement un sex-toy, seuls ou en couple !

UN HOMME PRÉFÈRE PARFOIS UNE BELLE MASTURBATION BIEN FAITE À UNE FELLATION

Beaucoup d'hommes aiment d'ailleurs se masturber eux-mêmes, la femme à leur côté. Ils pourront ainsi éjaculer où bon leur semble, leur fantasme préféré étant de « venir » sur le corps de leur partenaire (pas terrible, je vous le concède).

L'HOMME A AUSSI DES SEX-TOYS !

Les femmes ont développé une sorte d'amour pour les sex-toys : canards, vibromasseurs, boules de geisha. Avec ces outils, pas de mauvaise surprise ! Pauvre Adam, obligé de concurrencer ces ustensiles !
Mais il a lui aussi ses jouets chouchous :

✓ Le plus *successfull* est le cock ring, un anneau que l'on enfile à la base du pénis et qui offre l'avantage de tenir l'érection en retenant le sang dans la verge.

Parole de sexologue

Un homme sera immanquablement rebuté par une femme qui n'est pas propre, explique Iv Psalti. Impossible pour lui de désirer une partenaire qui sent la transpiration, qui sent du minou, qui a une haleine de cadavre ou encore les ongles sales !

✓ Le plus facile pour donner du plaisir à sa partenaire est l'anneau vibrant, qui, lui, se présente de la même manière, mais se met à vibrer.

✓ Le plus high-tech est le we-vibe, qui permet à Monsieur d'exciter à tout moment sa partenaire à l'aide d'une télécommande tout en se faisant plaisir... Encore un joujou où il commande !

ADAM AIME LE SEXE ANAL
Ève à demi

Pour écrire totalement et sereinement ce chapitre, j'ai évidemment mené ma petite enquête : j'ai visionné les sites pornographiques les plus visités. J'ai pu comptabiliser les clics (les « j'aime ») des hommes en fonction de chaque film présenté. Et comme ils sont des millions à visionner ces films chaque jour (des millions, oui, oui), les chiffres sont parlants. Les hommes aiment en majorité ce qu'ils ont du mal à avoir (pour le reste, aujourd'hui, ils ont tout : fellation-pénétration), ce que les femmes ont du mal à leur donner (mais pour combien de temps ?) : la sodomie. Évidemment, j'ai trouvé ces sites trash et hard, avec des zooms improbables, mais il faut se rendre à l'évidence, nous ne sommes et ne serons jamais des bêtes en rut, alors qu'eux sont souvent excités à la vue de trucs un peu glauques. La sexualité des hommes est tout de même très animale, pulsionnelle et transgressive. Nous sommes, nous, les femmes, des enfants de chœur !

PETITE HISTOIRE DE LA SODOMIE

Saviez-vous qu'à l'époque de la Rome antique, le maître montrait et prouvait sa puissance en sodomisant ses esclaves ? Quelle humiliation pour eux, en plus d'autres maltraitances ! En France et ce, jusqu'à la fin du XVIIIe siècle, la sodomie menait directement l'homme à la mort, dans les geôles ou

dans les galères ! En effet, les hommes d'Église condamnaient fermement et sévèrement ces hommes, considérés comme libertins, même si les adultes pratiquant cet acte étaient pour la plupart consentants. Ce n'est qu'après la Révolution, en 1791 précisément, que la sodomie a enfin disparu du code pénal des révolutionnaires.
Si l'on se tourne vers l'étranger, notamment les États-Unis, ce n'est qu'en 2003, donc il y a peu, que cette pratique ne fut plus condamnée dans 13 États...
La sodomie est cependant encore interdite dans de très nombreux pays, qui la considèrent comme « contre-nature ».

LES HOMMES ET LES FEMMES PAS AU MÊME DIAPASON

Les films montrent en permanence des anus dilatés à l'extrêmes et des hommes fiers de leur technique. Au secours ! Ces images font mal aux yeux des femmes, alors que les hommes adorent les regarder, quand elles ne sont pas là ! Parce que, fort heureusement, les femmes ne se dilatent pas de la sorte dans la vraie vie et, surtout, parce qu'elles ne se font pas sodomiser à tout bout de champ. Les hommes sont paradoxaux, ils aiment, voire adorent, les salopes, mais leurs petites amies ne doivent pas se comporter comme telles.
Du côté de la gent féminine, la sodomie n'est pas glamour. C'est, pour la plupart des femmes, un acte douloureux : elles ont, souvent, mal aux fesses le lendemain, et même le surlendemain.

Parole d'homme

Sodomiser une femme, c'est baiser une vierge à chaque fois.

Par ailleurs, si elles sont constipées, cet acte peut provoquer une vraie libération (si vous voyez ce que je veux dire) et là, aïe ! Ce n'est pas à tester avec le premier venu (il faut savoir que la plupart des actrices pornos, amatrices ou professionnelles, se font faire des lavements intenses avant chaque pénétration anale, histoire que ce soit parfaitement filmable et sans bavures !). On est bien loin d'une réalité qui peut être très très glauque. Attention, chaud devant.

POURQUOI LES HOMMES AIMENT PRATIQUER LA SODOMIE

Ils aiment braver l'interdit

Le goût des hommes pour la sodomie a des raisons multiples. Premièrement, parce qu'ils aiment regarder les fesses ! Mater un cul, c'est merveilleux, disent-ils.

Deuxièmement, parce qu'en chaque homme sommeille une jolie et adorable brute qui veut dominer partiellement ou totalement sa partenaire en étant sûr, en plus, de ne pas devenir père. Ah, ce vagin ! C'est risqué. Alors que l'anus, pas de soucis.

Troisièmement, parce qu'ils ne viennent pas de cet orifice, donc se sentent souvent plus à l'aise avec lui (d'autant plus s'ils ont eu une mère dévorante, ingérente ou encore très pot de

colle). C'est leur façon à eux de se révolter et de dire : « Stop, lâche-moi les baskets. Je suis un homme maintenant ! »
Bien sûr, je force le trait, mais dans l'inconscient collectif des hommes, c'est une réalité.

La pénétration y est délicieuse
L'anus et le début du côlon sont bien plus étroits que le vagin, qui a tendance à perdre de son élasticité après un accouchement. Cela explique que les hommes se tournent vers cette pratique par laquelle ils ressentent de nouveau les contours de leur partenaire, se sentant alors de nouveau virils.
L'homme cherchant toujours à être en contact intense avec cette virilité, il adore, évidemment, se sentir serré comme un fou et sentir qu'il maîtrise parfaitement sa partenaire. Il pense être le maître, et ça, c'est jouissif.
Il faut dire qu'il a perdu beaucoup de pouvoir depuis que les femmes ont le droit de vote, la pilule, le droit de travailler et d'ouvrir un compte bancaire, le droit à l'avortement (merci madame Veil)...

Cette tendance qu'ont les hommes à délaisser le vagin pour l'anus après un accouchement pousse les femmes d'aujourd'hui, notamment en France, à demander des césariennes pour garder un vagin de jeune fille. Certaines vont même jusqu'à se faire refaire le vagin après un accouchement par voie basse... Tout cela reste encore tabou, et pourtant, une très grande majorité de femmes mûres ont aujourd'hui recours à ce genre d'opération, non sans danger d'ailleurs et faites, pour la plupart, pour faire plaisir à leur homme.

Leur sexe leur paraît plus puissant et plus dur
Pour ceux qui ne sont pas bien dotés par Dame Nature, ils se sentent évidemment plus gâtés, et la partenaire ne ressent

Parole d'auteur

« La verge et le cœur sont des organes qui remuent d'eux-mêmes. »
Aristote (Éthique à Nicomaque, 350 av. J.C)

plus leur petitesse, ni leur érection moyenne ou demi-molle.

Ils deviennent les maîtres du monde
« Elle me donne son cul, que reste-t-il après ça ? » Rien ! Ils ont alors l'impression d'avoir été « au bout » de leur compagne et d'avoir le contrôle total.

Ils aiment que les femmes finissent par céder
Oui, c'est un peu atroce, je vous l'accorde, mais ça les fait jubiler ! Le fait d'arriver à convaincre leur partenaire d'accepter la sodomie les excite au plus haut point.

L'HOMME ESTIME QU'UNE FEMME QUI OFFRE SON CUL EST UNE FEMME AMOUREUSE

En cela, il n'a pas tort... Il testera donc rapidement ses limites et ce sur quoi elle est capable de s'abandonner. C'est un peu à ses risques et périls si elle se laisser aller à la sodomie trop rapidement : elle sera, en effet, cataloguée comme la dernière des salopes. Eh oui ! Ce que l'homme apprécie dans les films érotiques et pornos, il le déteste dans la vie réelle, c'est-à-dire qu'il larguera la femme, à coup sûr, très très rapidement.

LES FEMMES SONT DANS LEUR GRANDE MAJORITÉ ASSEZ RÉTICENTES À LA PÉNÉTRATION ANALE

Sauf lorsqu'elles sont raides dingues de leur homme, et donc prêtes à tout donner, à repousser leurs limites pour faire plaisir et s'abandonner encore plus.
Les femmes ont souvent peur d'avoir mal, de finir par être souillées (« Est-ce que je vais rester propre ? » est la question que se pose chaque femme, et comment en serait-il autrement ?).
Évidemment, les femmes qui aiment être dominées font partie de la catégorie de celles qui vont aimer et revendiquer cet acte. Mais, pour la plupart, la sodomie demande une vraie implication, un peu de courage et des efforts. Il faut en effet bien se détendre, les sphincters ayant été éduqués pour extraire et expulser, et non être pénétrés.
Il y a aussi la peur de ressentir de la douleur bien après le rapport (ce qui est souvent le cas) et le fait de rester trop dilatée quelques heures après...

Le refus vient aussi du fait que les femmes connaissent mal leur anatomie. Quelle femme a déjà regardé son trou de fesses ? Aucune, et seuls son gynéco et son partenaire le connaissent. Les femmes savent cependant bien que leur anus ne se lubrifie pas naturellement et que cet endroit est très fragile, puisque les tissus autour sont très sensibles et peuvent se déchirer facilement. Elle savent qu'il faut employer un lubrifiant et avoir affaire à un pro qui aidera l'orifice à se dilater en douceur : il prendra soin de passer du temps sur les caresses préliminaires avec son, puis ses doigts ! Viendront ses lèvres, sa langue, et enfin commencera tout, tout doucement l'acte en lui-même. Malheureusement, tous les hommes ne sont pas des pros et beaucoup veulent aller bien trop vite. La femme n'est pas prête et, du coup, n'y prend pas de plaisir, car elle ne peut atteindre l'orgasme que si elle est en confiance, aimée et parfaitement lubrifiée.

Les nouvelles mœurs,
QUAND LA MODE DÉMODE L'AMOUR

Avec toute cette orgie de livres vantant les femmes soumises, prêtes à se faire fesser, maltraiter, attacher, la femme se livre à une véritable régression dans sa position de femme. La femme est en régression d'amour par abus de sexe.

ELLE PENSE QUE C'EST LÀ LE SIGNE DE SA LIBÉRATION SEXUELLE, DE SON INDÉPENDANCE

Or, c'est tout le contraire. Elle revient aux bases d'une sexualité où l'homme domine totalement et se livre à ses instincts les plus bas.
Non, ce n'est pas de l'amour, mais un mauvais retour en arrière où l'homme avait tout contrôle sur les femmes.
Quel bonheur pour lui de constater à quel point elles semblent aimer redevenir un OBJET de plaisir et non un SUJET.
Non, les femmes, dans leur grande majorité, n'ont pas cela dans le sang. Elles savent combien la frustration est source de tous leurs maux et de toutes leurs souffrances.
Femmes, ne croyez pas qu'en étant de nouveau soumises à souhait au lit, vous faites preuve d'autonomie sexuelle. Vous montrez juste que vous n'avez guère évolué. Vous démon-

Parole d'auteur

« Les hommes sont toujours entre une ex et une future, car le présent ne les intéresse pas. »
Frédéric Beigbeder (L'amour dure trois ans, 2012)

trez simplement que votre seul souhait est d'être un objet de fantasme.
Vous faites, bien malgré vous, régresser toutes les femmes, y compris nos mères et nos grands-mères qui se sont battues pour nous sortir d'une telle position. Les jeunes filles suivent cette mode comme une norme et se sentent ainsi obligées d'agir de la sorte. C'est bien dommage !

LES JEUX SEXUELS SONT IMPORTANTS DANS UNE RELATION DÉJÀ CONSTRUITE ET PÉTRIE D'AMOUR ET DE SENTIMENTS PROFONDS

Alors, oui, ces jeux peuvent être positifs dans la mesure où ils ne deviennent pas récurrents et le seul moyen d'atteindre l'orgasme, pour l'homme comme pour la femme. Sans cela, ce type de relation et ce mode de rapport deviennent clairement une relation sadomasochiste, même soft. On entre véritablement dans un autre monde, un univers où il vaut mieux bien connaître ses limites pour ne pas devenir une soumise face à un dominateur pervers. À vos risques et périls.

Chérie, JE SUIS AUX WAWA

Une fois son devoir accompli, l'homme adore aller aux toilettes ! Pour lui, c'est le repos du guerrier. Mais il aime aussi aller dans cet endroit préservé dès qu'il le peut. Préservé de qui, de quoi ? Voici des pistes pour comprendre pourquoi il aime tant ce lieu magique !

IL EST ENFIN PEINARD !

Pas de téléphone, pas de femme, pas d'enfants, pas de TV, pas de radio, pas de mails, pas de boss, bref, LE BONHEUR, je dirais même plus, le PARADIS.
Il peut réfléchir et méditer, seul. Un conseil : laissez-le tranquille, ne lui parlez pas à travers la porte (de toute façon, il vous répondra n'importe quoi !).

IL BAISSE LES ARMES

Lui qui combat sur tous les fronts de la virilité en permanence, s'autorise à être faible quelques minutes, le caleçon baissé. C'est trop bon. Plus besoin de jouer un rôle de mec fort, de mec viril, de mec puissant. Ici, dans ce tout petit cagibi, il peut régresser, redevenir un petit garçon, le pantalon sur les chevilles, sans regards ni jugements. Ils peut se toucher à souhait, se masturber (beaucoup d'hommes adorent se masturber aux toilettes, en matant des magazines).

IL ADORE DÉFÉQUER

Eh oui, la seule chose qu'il sortira jamais de son corps, c'est un bon gros étron ! Et quelle merveille de le sentir passer, cette impression de se vider puis de contempler sa crotte, pourvu qu'elle soit bien moulée (pas en boulettes). Il y verra sa puissance de mâle et sera fier comme un pape. Après le passage aux toilettes, la femme peut tenter de tout lui demander... Attention, s'il est constipé ou s'il n'a pas fait correctement : mieux vaut se taire et s'éclipser !
À noter, l'homme ne peut bien se « vider » que chez lui. Au boulot, il ne peut évidemment pas s'asseoir tranquillement sur la cuvette, à côté d'un autre type qui fait la même chose. Cela le révulse. Il déteste en effet partager ce genre d'intimité avec ses congénères.

Parole d'auteur

« Le sexe n'est pas l'amour,
ce n'est que le territoire que l'amour s'approprie. »
Milan Kundera (*L'Identité*, 1998)

IL RAFFOLE DE SES ODEURS

Même la transpiration le rassure sur sa virilité. Avez-vous déjà traversé une pension de garçons ? Ça sent les pieds et personne ne s'en plaint, ce qui serait inimaginable dans un pensionnat de filles... Et pourtant, les femmes ont aussi des pieds !

IL ADORE COUVER SON CACA

Ce n'est pas une poule, mais bien un coq qui couve son merveilleux caca. Un homme ne tire souvent pas la chasse, une fois la chose faite, mais attrape un livre, le plus con possible, ou un magazine (*L'Équipe* ou un journal sans prise de tête, on n'est pas là pour se la jouer intello, on se détend). Et, les jambes écartées, enfin assis, il peut commencer la période de couvaison, la plus longue possible.
Les raisons en sont multiples : l'homme est heureux de la chaleur de l'endroit, il aime se trouver les jambes écartées, matant son pénis qui pendouille, ressentant pleinement la loi de l'attraction (dans le slip, l'engin est maintenu). L'anus est très légèrement dilaté, ce qui donne une certaine forme de jouissance, même s'il n'est pas homosexuel.

IL AIME FAIRE PIPI EN EN METTANT UN PEU PARTOUT

L'homme marque son territoire comme le fait l'animal en urinant… Bien sûr, c'est inconscient. Cela remonte à la nuit des temps. Il aime le bruit du jet : plus il est fort, plus il se réjouit ; plus le jet est long, plus il se sent fort. En le forçant à se concentrer parfaitement sur le centre de la cuvette, la femme le brime. S'il déborde, rien de grave, cela prouve qu'il a bien pris son pied !

D'ailleurs, comme tout animal mâle, l'homme est constitué pour faire pipi n'importe où, facilement. Alors que pour les femmes, c'est une autre paire de manches : il faut s'accroupir, montrer son anatomie complète (devant et derrière), bien viser au risque de s'en mettre partout sur les jambes et les fringues…

Parole de coach

Nous, évidemment détestons rester des heures dans les toilettes ! Parce que de notre corps sortent le sans de nos règles, nos pertes (oui, ça peut arriver, hélas) et nos enfants. Alors, nos crottes, sincèrement, on s'en fiche total. Oui, nous considérons que nous passons bien trop de temps dans nos toilettes à nous changer, à vérifier que rien ne coule, etc. Donc, couver notre caca… On a mieux à faire !

4.

Paroles d'hommes
Paroles de femmes

LEURS PIRES CAUCHEMARS

« Un jour, je suis resté coincé. Complètement. Il paraît que ça arrive souvent aux chiens, mais pour moi, c'était une première. Je n'arrivais pas à bouger, elle non plus, et on est restés comme ça, le temps que ça passe. Ce n'était pas douloureux, mais un peu ridicule, surtout compte tenu de notre position. On a cru un instant qu'on devrait aller aux urgences. Vous imaginez la tête du gars à l'accueil ? Heureusement, ça s'est débloqué tout seul. Depuis, je me suis documenté, ça arrive plus souvent qu'on ne l'imagine. »

« J'ai passé une nuit (très) mouvementée avec ma copine. On a tout essayé et, franchement, je deviens un peu vieux pour ce genre d'acrobaties. En tout cas, c'est ce que je me suis dit le lendemain, quand je me suis réveillé avec une douleur atroce au pénis. Pendant une semaine, j'ai uriné de travers. Je me suis même demandé si je ne m'étais rien cassé. LOL. »

« J'ai été atteint de priapisme. Il n'y avait aucune raison particulière. Simplement, je suis resté en érection toute la journée. Au début, je trouvais ça marrant, et puis c'est devenu douloureux et j'ai fini par consulter. Heureusement d'ailleurs, car ça aurait pu mal tourner, paraît-il. Je n'ai jamais su ce qui a provoqué cet épisode, mais vu qu'il s'est bien terminé, je peux en rire. »

« Un grand classique : j'étais aux toilettes et j'ai remonté ma braguette trop vite. Je crois que tous les garçons qui lisent ces lignes peuvent ressentir ma douleur à cet instant-là. Évidemment, c'était coincé... et j'ai dû tirer de nouveau sur la fermeture éclair, en sachant d'avance le résultat. Au secours ! »

« Ma copine a voulu me faire une fellation au Nutella®, avec des morceaux de banane. On avait lu ça dans un magazine féminin. Bon, ça n'a pas marché comme prévu. À grosse dose, le Nutella® était superécœurant pour elle, la banane s'est écrasée dans mes poils et tout s'est étalé en une pâte infâme. J'ai passé dix minutes sous la douche à nettoyer. »

« Ado, j'ai essayé de mettre mon pénis dans un aspirateur en marche, j'avais lu que ça serait excitant. Non seulement ça ne l'était pas, mais j'ai eu la peur de ma vie. J'ai bien cru que je n'allais plus pouvoir atteindre le bouton pour stopper la machine infernale. »

« Après avoir regardé le film *American Pie*, je me suis dit que j'allais tester la fameuse technique de la tarte. Bilan ? Je me suis brûlé, parce que l'intérieur est plus chaud que la pâte. »

« À force de voir des pubs du type *Enlarge your penis* sur Internet, j'ai fini par essayer une de leurs fameuses pompes péniennes. Déjà, c'est très étrange d'aspect, on a l'impression d'être une vache qui va passer à la traite. Ensuite, je confirme, ce n'est pas efficace du tout. Je pompais comme un abruti en attendant de voir si j'allais devenir membré comme un acteur porno mais non, rien n'a changé, et c'était même plutôt désagréable. Depuis, je me suis fait une raison. »

« Vous connaissez la spéléologie, ce sport où l'on brave tous les dangers pour pénétrer dans des tunnels étroits à la recherche d'on ne sait quoi ? Eh bien, c'est à peu près ce qu'il se passe quand on essaie de retrouver le préservatif qui a glissé au pire moment. Il était là, bien en place, et l'instant d'après, il n'y est plus. Et alors... il faut le chercher. »

« Un soir, après une séance de sexe un peu intense, j'ai eu une rupture du frein. Il y avait du sang partout, vraiment partout, je ne comprenais pas ce qui se passait, la panique intégrale. Les médecins m'ont rassuré et maintenant, je sais que ce n'est pas très grave. Il n'empêche, rien que d'y repenser, j'en ai des frissons... »

« En vacances, tout se passait bien jusqu'à ce que je me fasse piquer par une méduse. C'est déjà désagréable en soi, mais c'est encore pire quand elle vous touche... juste là. Non seulement j'avais un mal de chien, mais tous mes potes me chambraient du style « Tu veux qu'on te pisse dessus ? », « Ben alors, t'étais à poil dans l'eau ? » Les vannes, ils auraient pu les garder pour le lendemain, quand l'inflammation a été sous contrôle... »

« J'ai voulu tenter un truc de film d'ados avec ma copine, la *dick in a box*. Tu découpes un trou dans le fond d'une boîte, tu la poses sur tes genoux avec ton sexe à l'intérieur, tu recouvres de pop-corn et tu attends qu'elle pioche dedans pendant une séance de ciné. En fait, c'était nul comme blague. Déjà, elle a mis une heure à arriver au bon endroit. Ensuite, elle a poussé un cri de surprise en plein film quand elle a touché mon sexe. Et je ne parle pas du beurre et du sucre qui collent à la peau... »

« On était en vacances, dans notre chambre d'hôtel, et ma copine a trouvé très drôle de poser ses lunettes de soleil sur mon sexe. « Oh regarde, on dirait une marionnette du *Muppet Show* ! » Elle voulait même que je rase les côtés pour qu'il ait une barbe de hipster... »

« Un jeu érotique avec des glaçons, ça a l'air sexy comme ça. Mais en vrai, c'est loin d'être hot. Avec les glaçons superfroids, j'ai perdu mon érection en quelques secondes. Ma copine a eu beau tout essayer, ça m'a tout cassé. »

« Il y a deux ans, je suis allé pour la première (et dernière) fois sur une plage naturiste. C'était marrant, mais il y a des détails auxquels on ne pense pas. Lorsque j'ai enlevé mon maillot de bain, je n'ai pas pensé à mettre de crème solaire. Erreur fatale... Je me suis retrouvé le lendemain avec le pénis écarlate ! »

« Je fais partie d'une équipe de foot amateur, et les douches sont communes. J'ai toujours été hétéro, je n'ai jamais eu aucune attirance pour les mecs. Pourtant, un soir, sans prévenir, mon sexe s'est mis en érection alors que j'avais des potes autour de moi. C'était franchement embarrassant, et j'avais beau penser à des choses horribles, impossible de calmer la bête. J'ai fini par fuir en essayant de me cacher avec la main. »

DÉSILLUSIONS *de femmes*

✓ Les mecs, ça commence par une pelle...
Et ça finit par un râteau.

✓ Les mecs, c'est comme une branche...
Tu t'accroches, puis ça casse.

✓ Les mecs, c'est comme un chien...
Tu le caresses, la queue se lève.

✓ Les mecs, c'est comme les oignons...
Ça fait pleurer.

✓ Les mecs, c'est comme les maths...
C'est dur à comprendre.

✓ Les mecs, c'est comme les trains...
Si tu le manques, tu prends le prochain.

✓ Les mecs, c'est comme la bière...
Ça rend malade.

✔ Les mecs, c'est comme le caramel...
C'est bon mais c'est collant.

✔ Les mecs, c'est comme les allumettes...
Quand tu les frottes, ils perdent la tête.

✔ Les mecs, c'est comme les grenouilles...
Plus ça saute, plus c'est content.

✔ Les mecs, c'est comme les places de parking...
Les meilleurs sont pris.

✔ Les mecs, c'est comme les éléphants...
Ça trompe tout le temps.

✔ Les mecs, c'est comme les Pokémon...
Il faut les dresser pour qu'ils évoluent.

✔ Les mecs, c'est comme du pop-corn...
Plus c'est chaud, plus ça saute.

✔ Les mecs, c'est comme les chiottes...
C'est toujours occupé.

✔ Les mecs, c'est comme les casseroles...
Faut les tenir par la queue.

✓ Des chercheuses ont découvert pourquoi Moïse a erré 40 ans dans le désert avec le peuple d'Israël… Un homme ne demande jamais son chemin.

✓ Pourquoi y a-t-il des hommes ? Les vibromasseurs ne tondent pas la pelouse.

✓ Quelle est la différence entre un homme et un PC ? Le PC, on n'a besoin de lui dire les choses qu'une fois.

✓ Quel est le point commun entre les hommes et les spots de pub ? On ne peut pas croire un mot de ce qu'ils disent.

✓ Quelle est la définition d'une soirée romantique selon un homme ? Le sexe.

✓ Quand un homme pense-t-il à mettre des bougies pour le dîner ? Quand le courant tombe en panne.

✓ À quoi reconnaît-on qu'un homme ment ? Ses lèvres bougent.

✓ Quelle est la différence entre un homme et un perroquet ? On peut faire dire des choses gentilles à un perroquet.

✓ Pourquoi les femmes mariées pèsent-elles plus lourd que les femmes célibataires ?
Les femmes célibataires rentrent chez elles, regardent ce qu'il y a dans le frigo et vont se coucher. Les femmes mariées rentrent chez elles, regardent ce qu'il y a dans le lit et se replient sur le frigo.

✓ Qu'est-ce que c'est, pour un homme qu'une soirée romantique ?
Un stade de foot illuminé aux chandelles.

✓ Quelle est la différence entre un homme et E.T. ?
E.T., lui, téléphone maison.

✓ Qu'est-ce qu'un homme prévoyant ?
Celui qui achète deux packs de bière au lieu d'un.

✓ Pourquoi les hommes veulent-ils épouser une vierge ?
Ils ne supportent pas la critique.

✓ Comment les hommes trient-ils leurs habits ?
« Sales » et « Sales mais mettables ».

✓ Comment savoir si son mari est mort ?
Vous avez accès à la télécommande.

✓ Comment rendre un homme heureux au lit ?
En mettant la télé dans la chambre.

✓ Quelle est la différence entre un mec et un bébé ?
Le bébé, au moins, on peut le laisser seul avec la baby-sitter.

✓ Quelle est la différence entre une balle de golf et le point G ?
Un homme passera facilement deux heures à chercher sa balle de golf...

✓ Quelle est la définition du mot « pénis » ?
Outil de précision permettant de mesurer la profondeur d'une cruche.

✓ Qu'ont en commun les hommes avec la cuvette des toilettes, les anniversaires et le clitoris ?
Ils les ratent tous les trois.

✓ Pourquoi les hommes ont-ils la conscience tranquille ?
Parce qu'ils ne l'ont jamais utilisée.

✓ Pourquoi les hommes aiment-ils autant les voitures et les motos ?
Celles-là, au moins, ils peuvent les manipuler.

✓ Quelle est la différence entre un homme et un chat ?
Aucune, tous deux ont très peur de l'aspirateur.

✓ Comment appelle-t-on un homme intelligent, sensible et beau ?
Un homosexuel.

✓ Il y a deux sortes d'hommes qui ne comprennent rien aux femmes : les célibataires et les maris.

Confidences pour confidences

Nous pensons TOUTES qu'en matière de relations, notamment amoureuses, la donne a été modifiée. La gourde se persuade ainsi qu'à présent, les rapports sont égaux entre les hommes et les femmes, qu'elle a obtenu à vie, et pour l'éternité, toute son autonomie. Grave erreur !

Il suffit pour cela d'ouvrir les yeux et de voir le très faible pourcentage de femmes dirigeantes, au Parlement ou à l'Assemblée, aux postes déterminants. Il suffit aussi pour cela de voir comment les hommes et les femmes se comportent dans l'intimité... Il est clair que le chemin vers l'indépendance des femmes est encore bien incertain et que l'aboutissement d'une réelle égalité est encore illusoire.

Il faut donc continuer à se battre, pas en armée de gourdes ou gourdasses, mais en femmes un peu plus « viriles ».
Certaines le font déjà, mais au détriment de leur vie sentimentale souvent chaotique et triste à mourir, puisqu'elles se retrouvent seules et finalement très mal en point.

Car la femme rêve encore d'un homme qui a intégré tous ces changements : sa libération sexuelle, le partage des tâches et le fait qu'elle gagne sa vie aussi bien que lui (ce qui n'existe pas, car les femmes, pour le même poste, sont payées 25 à 40 % de moins que les hommes). La femme rêve d'un homme qui va se lever chaque nuit pour donner le biberon à son adorable nouveau-né, lui donnera le bain, fera les courses et, par la même occasion, la consolera de son baby blues... Et, surtout, ne lui demandera pas de reprendre les ébats sexuels après l'accouchement, puisqu'elle a le minou en feu ou carrément recousu de tous les côtés (merci l'épisiotomie ou la césarienne).

La gourde rêve d'un homme à qui elle peut tout confier, qui est à l'écoute de ses gentilles jérémiades 24 heures sur 24. Elle rêve d'un homme romantique, qui planifie et invente mille surprises. Un homme-femme en somme !

Mon Dieu, que cette femme est gourde ! Cet homme n'existe pas, du moins pas à moyen et long termes. Certes, au début, il fait croire à la femme qu'il deviendra cet homme-là... Mais cela dure le temps de la cour, pas plus...

Nous, les gourdes, avons donc bien besoin d'une notice d'utilisation des hommes. Et ça tombe bien, vous venez de la lire !

Oui, les hommes fonctionnent en grande majorité sur le même modèle. Tout comme nous, les femmes, sommes semblables d'un point de vue psychologique et hormonal.

N'oublions pas que les hommes ont été élevés par des femmes, qui n'ont pas éduqué leurs petits mecs comme des FILLES. Cette éducation différente en termes de sexe reste d'actualité.

L'homme reste macho, tiraillé par ses pulsions et sa testostérone. Bien sûr, il aide un plus aux tâches ménagères, s'occupe plus des enfants, mais les rôles n'ont pas radicalement changé.

Dans leur grande majorité, les femmes sont celles qui se lèvent la nuit, qui travaillent et doivent s'occuper de la bonne gestion de la maison. Le comportment de certains hommes a évolué, certes, mais pas tant que ça. Leurs compagnes cherchent toujours à les faire changer, or c'est IMPOSSIBLE ! On ne change pas un homme qui a par ailleurs été conditionné par sa mère (deux décennies au minimum de bourrage de crâne, une vie de conditionnement, en moyenne), par la société, par Internet, par la TV, par ses potes... Un vrai travail de conditionnement en somme.

On prend un homme comme il est, et voilà.

Si on change de mec, on tombera peut-être sur un autre type d'homme, plus tendre et semble-t-il plus à l'écoute (au début en tout cas), mais avec d'autres paramètres tout aussi masculins.

Accepter, en somme, qu'ils sont comme ils sont, est la seule manière de ne pas finir seule, aigrie et divorcée avec quatre mômes sur les bras... Seulement pour cela, il faut les comprendre et mieux les connaître. C'est le but tout à fait avoué et avouable de ce guide pour les gourdes !

J'espère qu'après l'avoir lu, vous sentirez un changement, que vos comportements ne seront plus jamais tout à fait les mêmes et qu'une nouvelle femme naîtra... digne de nos grands-mères qui se sont tant battues pour notre libération féminine et sexuelle. Ma première pensée va donc à madame Simone Veil, à qui je dédicace cet ouvrage. Elle a fait de nous des femmes indépendantes. Elle nous a offert le droit d'être enceinte et de pouvoir choisir. En créant la loi de 1975 sur l'IVG, elle a aboli des siècles de soumission. Elle a anéanti à jamais la « femme esclave », obligée de se faire épouser et d'être malheureuse comme les pierres toute sa vie.

Bien sûr, cette révolution a bouleversé l'ensemble des rapports hommes/femmes. Les femmes ont ainsi appris à dire NON. Et les hommes ont dû apprendre à dire OUI. Cela les a distancés, en les opposant. Ce passage obligé, dont nous avons fait les frais, était un palier nécessaire et obligatoire. Aujourd'hui, nos hommes sont toujours dans l'espérance d'un grand pouvoir de domination, mais ont commencé, doucement, à accepter notre soif d'égalité amoureuse et sexuelle. Finalement, ce qui perturbe le plus les hommes, c'est la facilité des femmes d'aujourd'hui à se livrer aussi vite qu'une pizza à domicile. L'homme est et RESTE un chasseur ! C'est ce qui le fait vibrer, et ce qui l'a toujours fait vibrer ! Sachez donc bien VOUS faire DÉSIRER... et vous obtiendrez le meilleur de l'HOMME.

Si vous vous donnez comme une *escort* gratuite ou vous présentez pleine de bons sentiments, vous serez jetée à la poubelle comme leur première chaussette ou un vieux caleçon troué.

À vous de transmettre maintenant la potion magique à vos amies, à vos copines, afin qu'elles arrêtent de se plaindre, de pleurer, d'être larguées, et surtout de s'interroger sans cesse sur la gent masculine !

Parce qu'au fond, il est bon de constater que l'homme est une gourde comme les autres !

Une fois ses maladresses et ses imperfections connues puis acceptées, nous pouvons vivre avec lui le parfait amour !

Oui, les hommes sont parfois égoïstes, lâches, silencieux, peu empathiques, mais quand ils sont « des femmes comme les autres », c'est-à-dire hypercâlins, à l'écoute, tendres... qu'est-ce qu'on les AIME !

À présent, vous avez toutes les cartes en main, à vous de jouer !

C'est parti.

Belles vies à toutes ! Grandes et belles histoires d'amour à toutes !

Remerciements

Mes chaleureux remerciements vont à mes éditrices, Aline Sibony, Hélène Gédouin et Élisabeth Darets. Leur enthousiasme immédiat, leurs convictions à mon égard, leur positive attitude et leur amour des auteurs m'ont littéralement emballée. L'écriture d'un livre est une telle aventure, qu'il nous faut sentir la force du vent et le soutien du bateau. Le capitaine, à bord, est alors tranquille, capable d'orienter son navire et de tracer la route. Il peut ainsi écrire sereinement, dans une confiance absolue. Un immense merci également à Amélie Poggi, véritable GPS de l'analyse. Son regard sur mon texte est unique, intelligent. En un sens parfait ! Et chapeau bas à ma graphiste, Emmanuelle Pioli, pour ses créations.

Je remercie la confiance et la fidélité de toutes celles et ceux qui me consultent chaque jour, hommes et femmes. Chaque rencontre est une magie, un moment extraordinaire. Nous avançons ensemble dans une lumière de discernement et obtenons d'impressionnants résultats. L'âme humaine et les fonctionnements complexes de l'être humain, les rapports hommes-femmes, femmes-hommes, sont la passion de ma vie. Merci à toutes ces femmes et tous ces hommes qui se confient à moi, dans une confiance et une transparence totale.

Mon cœur remercie de toutes ses forces mes adorables parents, artistes libres, intelligents, originaux, poètes. Merci de croire en moi depuis toujours. Je vous aime Daniela Le Gal et Serge Lamour..

Je remercie mon amie d'enfance Isabelle Villand, une femme en or, une femme de cœur. Une belle femme. Son enthousiasme et son excitation à me lire m'ont réchauffé le cœur.

Je remercie « ma sœur de cœur » Victoria Feuillat, ma blonde si merveilleusement belle, sa foi totale en moi m'a comblée.

BIBLIOGRAPHIE

Yalom, Irvin, *Thérapie existentielle*, Galaade éditions (2012)

Allan Pease, *Pourquoi les hommes n'écoutent jamais rien et les femmes ne savent pas lire les cartes routières*, éditions Pocket (2010)

Allan Pease, *Pourquoi les hommes veulent du sexe et les femmes de l'amour*, éditions Pocket (2012)

Alon Gratch, *Pourquoi ça casse alors que ça pourrait marcher : Je t'aime, je te quitte*, éditions Payot (2007)

Jean-Claude Liaudet, *Tel homme, Quelle mère ? - Le rôle de la mère dans la vie amoureuse du fils*, éditions l'Archipel (2012)

Sophie de Tarlé et Hortense Divetain, *Pour emballer, adoptez la chieuse attitude !* éditions First (2015)

Elen Fein et Sherrie Schneider, *Les Règles. Secrets pour capturer l'homme idéal, Comment attraper un mari en 35 leçons*, éditions Albin Michel (1997)

Barbara Pease, *Pourquoi les hommes mentent et les femmes pleurent*, éditions Pocket (2010)

Anne-Sophie Girard et Marie-Aldine Girard, *La femme parfaite est une connasse !*, éditions J'ai Lu (2013)

Capucine Cousin, *Le super mec est un mytho. Et alors ?*, éditions Desinge et Hugo & Cie (2014)

Barbara et Alan Pease, *Tout ce que vous avez toujours voulu savoir sur les hommes et les femmes*, éditions Pocket (2013)

Yann, Moix, *Une simple lettre d'amour : roman*, éditions Grasset (2015)

Alon Gratch, *Si les hommes pouvaient parler... Les sept clés de la psychologie masculine*, éditions Payot (2004)

Yvon Dallaire, *10 Stratégies pour faire parler son homme*, éditions Jouvence (2015)

Yvon Dallaire, *Chéri(e) parle-moi ! Les règles pour améliorer la communication homme-femme*, éditions Jouvence (2009)

Catherine Sandner, *Comprendre son homme (pour mieux l'éduquer)*, éditions Hachette Pratique (2007)

Florence Escaravage, *Les Relations amoureuses pour les Nuls*, éditions First (2010)

Christian Sander, *Comment conquérir un homme ?* Books on Demand (2012)

Gérard Leleu, *Comment le faire jouir de plaisir et vice versa*, éditions Leduc.s (2010)

Trixi von Bülow, *Hommes : mode d'emploi : Ce qu'ils disent... Ce qu'ils font... Ce qu'ils pensent vraiment !*, éditions de l'Archipel (2009)

Lady Montmartre, *J'me trouve un mec (le bon) !*, éditions Eyrolles (2014)

Brigitte Lahaie et Bruno Martin, *L'Amour et vous*, éditions Albin Michel (2015)

DU MÊME AUTEUR

L' Épuisement professionnel,
Alpen éditions (2015)

Se protéger des polluants,
éditions Le Cherche Midi (2015)

L'Alimentation des ados,
Alpen éditions (2014)

Maigrir à la cinquantaine,
Alpen éditions (2012)

*La Nutrigénétique,
l'alimentation du XXIe siècle*,
éditions Romart (2011)

Rajeunir, éditions Robert Laffont
(2010), éditions Livre de Poche (2011)

Le Régime de l'après-grossesse,
éditions Michel Lafon (2007),
éditions J'ai Lu (2009)

Le Guide psy,
éditions Marabout (2005)

Où partir avec son bébé,
éditions Hachette Tourisme (2006)

*La Méthode Pilates
pour la femme enceinte*,
éditions Marabout (2005, rééd. 2015)

Enceinte à Paris,
éditions Marabout (2005)

Où accoucher en France,
éditions Marabout (2004)

Toutes les adresses de la femme enceinte,
éditions Marabout (2003)

Vivre,
éditions Le Cherche Midi (2001),
éditions J'ai Lu (2003)

Contact auteur : www.niveauxdeconscience.com
Et www.actepsychomagique.com

À propos de l'auteur

Écrire sur l'amour, les comportements amoureux lorsque l'on s'appelle LAMOUR, c'est un pléonasme, n'est-ce pas ?!

Chaque jour de ma vie, depuis ma plus tendre enfance, j'entends des réflexions adorables et suggestives sur mon nom… Résultat et récompense, je suis devenue, assez jeune, scénariste et codialoguiste du film *Hommes-Femmes, mode d'emploi* de Claude Lelouch, artiste de l'amour sur grand écran. Ses premiers mots, à la remise de mon contrat, sont gravés dans ma mémoire : « C'est fou et magique comme l'amour est un thème obsessionnel pour vous. »
Il ne croyait pas si bien dire !

Je réalisai très vite, en effet, combien ce thème devenait le sens de ma vie. C'est ainsi que je commençai mon parcours d'auteur de chansons et de livres. Puis, à la demande de beaucoup de lectrices et après moult formations, je devins coach comportementaliste, spécialisée dans le développement personnel et dans le coaching amoureux.

Cela fait maintenant dix ans que je coache des centaines de personnes. Je les ai écoutées puis guidées avec amour et empathie. Vous avez d'ailleurs retrouvé les propos anonymes de ces hommes et de ces femmes dans les encadrés intitulés « Parole d'homme » ou « Parole de femme ». Quant à mon expérience personnelle et professionnelle, les encadrés « Parole de coach » en sont le reflet.

Imprimé en Espagne par Cayfosa
pour le compte des éditions Marabout (Hachette Livre)
58, rue Jean-Bleuzen, 92178 Vanves cedex.
Illustrations et maquette : Emmanuelle Pioli

Achevé d'imprimer en mars 2016.

Dépôt légal avril 2016

ISBN : 978-501-11173-7
Nuart : 3747905